*Halina*

Halina Reijn

# *Halina*

Doen alsof ik iemand anders ben

2009  Prometheus  Amsterdam

Eerste druk oktober 2009
Tweede druk oktober 2009

© 2009 Halina Reijn
Deze stukken zijn eerder verschenen in *Viva*
Omslagontwerp Joachim Baan
Foto omslag Jan Anne Nijholt
Zetwerk Mat-Zet bv, Soest
www.uitgeverijprometheus.nl
isbn 978 90 446 1416 9

# Woord vooraf

Vijf jaar lang schreef ik elke week een column voor het tijdschrift *Viva*. Toen het idee ontstond om deze te bundelen begon ik als een mol te graven in de stapel van 420 pagina's en daarmee in mijn verleden. Alles kwam voorbij: het werk, films, toneel, het schrijven van een eerste boek, mijn vrienden, liefdes (die kwamen en weer vertrokken), de eeuwige chaos in mijn appartement in de Pijp, het vele reizen en daardoor het gevoel van nergens thuis te horen.

Ik schrok van mijn eigen openhartigheid. De column fungeerde voor mij vooral als een soort dagboek, als een uitlaatklep. Vanuit de sneltrein waar ik naar mijn idee in zat en die maar niet tot stilstand wilde komen, was mijn wekelijkse schrijfopdracht soms de enige manier om eerlijk over mijn ervaringen te praten. De pagina in het tijdschrift was als een vertrouwde vriendin die altijd luisterde en nooit wat terugzei.

Niet alleen mijn eigen belevenissen maar ook die van mijn vrienden, familie, kennissen, collega's en argeloze voorbijgangers werden schaamteloos gepubliceerd met bijbehorend fotomateriaal. Ik wil daarom iedereen bedanken die zichzelf terugvindt op een van deze bladzijden. Er waren momenten dat de mensen in mijn omgeving angstig wegdoken zodra ik mijn fototoestel of pen tevoorschijn haalde, omdat ze geen zin hadden om hun hoofden en uitgesproken teksten de week daarop terug te vinden op pagina 48 van het damesblad. Ze staan er hier dus weer; ze zijn een onderdeel van mijn leven. Zij weten wie ik ben en voor hen hoef ik niet te doen alsof ik iemand anders ben...

# LA-meisje

Meisjes ontmoeten is heel moeilijk in Los Angeles. Ze zijn meestal niet aardig. Wel een beetje arrogant en soms ook eng. Elke toenadering van mijn kant wordt gezien als een poging haar van haar troontje te stoten. Een vijandige blik of een overvriendelijk 'Yeah, let's hang out together, I soooo love your dress, where did you get it?' En vervolgens weet je het wel, je hoort nooit meer iets van haar.

Ik vind mannen ook prima natuurlijk en ik vermaak me heel goed met alle *gay guys* die zich over mij ontfermen in deze stad. Ook geniet ik van de Nederlandse vrouwen met wie ik hier koffiedrink en belevenissen deel. Maar ik wil zo graag een Amerikaanse meisjesvriendin om mee te praten en te spelen. Eentje die aardig is en niet meteen wil weten wie mijn manager is, waar ik acteerlessen volg en of ik ook auditie heb gedaan voor de nieuwe James Bond. Eigenlijk had ik al besloten dat het er niet meer van zou komen. We passen gewoon niet bij elkaar, het LA-meisje en ik. Maar op een goede dag gaat mijn telefoon. Het is Seth, een Nederlandse MTV-vj die hier in LA mijn vriend is geworden. 'Hali, je moet nu komen, ik ben met Annie en je moet haar ontmoeten.' 'Annie...' zeg ik zachtjes terwijl ik naar het cafeetje rij waar ze aan het drinken zijn. 'Wat een mooie naam.' Ze steekt haar hand uit en kijkt me aan: 'Hallo, vlinder.' Ik moet lachen. 'Vlinder?' Seth grinnikt en pakt een stoel voor mij. 'Ze wilde je graag in het Nederlands begroeten en ze wilde weten wat een *butterfly* was.'

We praten. Annie (Anne Dudek) is 26, ze is actrice en heeft

de afgelopen jaren in New York gewerkt. Ze heeft alle prijzen gewonnen die er te winnen zijn voor haar rollen op Broadway. Nu is ze hier om een filmster te worden. Ze kijkt me steeds onderzoekend aan, haar hoofd een beetje scheef en stelt me vragen. 'Ben je helderziend?' Ik schud nee. 'Maar je weet het niet zeker, kijk naar me en zeg wat je ziet.' Ik doe het. Ik sluit mijn ogen en zie haar broer. 'Je hebt een broer en daar is iets mee, jullie zijn na een lange tijd van stilte weer in gesprek.' Ze springt op en begint te gillen. 'Jezus, je bent echt helderziend!' Maar dat is niet zo, ik zag het omdat ze het me liet zien. We vinden elkaar leuk. Als we naar onze auto's lopen, vraagt ze of ik zin heb om morgen samen naar de gevaarlijkste buurt van LA te rijden. Dat wil ik graag. En we doen het. We praten, we schreeuwen onze levens naar elkaar en draaien harde muziek. 'Ik ben een script aan het schrijven,' zeg ik. 'Ik kom er niet uit.' Terwijl we cola light drinken in *the ghetto*, verzint Annie hoe het verder moet met Mara en Jan die maar niet meer wilden bewegen na scène zeven. We besluiten mijn script samen te schrijven. We rijden naar huis en gaan meteen aan het werk. Vanaf dat moment schrijven we elke dag een paar uur. Over twee weken is de eerste versie af. Ik denk dat we elkaar wel begrijpen, het LA-meisje en ik.

Ze is ook maar een meisje in de stad. Zij weet ook niet precies hoe het allemaal in elkaar steekt, het leven en zo. Ze noemt me nog steeds Vlinder en ik noem haar Annie.

# Rust

Vandaag vertrekken we voor drie dagen naar de woestijn. Joshua Tree Desert heet hij. Marie José, Stijn en ik. Een paar weken geleden hebben we elkaar ontmoet in verband met een fotosessie voor *de Volkskrant*. Zij willen nog meer foto's maken. Het is heel heet. Maar droog, dus draaglijk. Het landschap is adembenemend. Grote ronde rotsen op enorme zandvlaktes met hier en daar een cactusboom.

Als we de *campground* oprijden en enthousiast het uitgekozen plekje verkennen, slaakt Marie opeens een harde gil. Een paar centimeter van haar voet ligt een dikke ratelslang te luieren in de zon. Binnen 5 seconden zitten Marie en ik weer in de auto terwijl Stijn op zijn gemak een camera pakt en de slapende slang vereeuwigt.

We besluiten een eind verderop ons kamp op te slaan. We roosteren biefstuk boven een vuurtje en eten marshmallows terwijl we naar de sterren staren. Coyotes huilen in de verte en een nieuwsgierig eekhoorntje bedelt om een stukje brood. Ik voel me intens gelukkig.

De volgende dag maken we foto's tussen de rotsen. Zwetend en hijgend klauteren we door het grillige landschap op zoek naar de perfecte achtergrond. Langzaam bewegen we ons voort. Niemand zegt iets. Stil. Heet. Traag. Rust.

's Avonds slapen we in een klein hotel. Er zijn bronnen met gloeiend heet water waar je in kan liggen. De andere gasten hebben zich teruggetrokken in hun kamers. De bladeren van een palmboom ritselen zachtjes. Ik laat me in het hete water glijden.

En doe mijn ogen dicht. Zo wil ik zijn. Hier wil ik blijven, in dit moment. Voor altijd.

Die nacht slaap ik een diepe slaap zonder dromen. Als ik wakker word, heeft Marie een ontbijt op tafel gezet. We eten en kijken elkaar verdoofd aan. Stoned door de stilte. High van de hitte. Ik glimlach naar Marie en zeg dat ik heel blij ben dat ze me heeft meegenomen naar deze plek. Ze knikt loom en leunt achterover. Los Angeles is heel ver weg.

De rest van de dag maken we foto's onder water. Ik probeer te poseren in het koelere bronnenbad terwijl het water in mijn mond, neus, ogen en oren kruipt. We tellen samen tot drie, dan duiken we naar de bodem waar we zo lang mogelijk onze adem inhouden. Happend naar lucht schiet ik, steeds iets eerder dan Stijn, naar boven. Ik stel me voor dat ik een grote vis ben. Met dikke kieuwen diep, diep, diep in de oceaan. Als een koning zwem ik rond en niemand kan me pakken. Niemand kan iets tegen me zeggen of aan me vragen want vissen praten niet. Ik ben heel veilig en stil daar. En luister rustig naar wat ik denk. En mijn gedachtes zijn simpel en duidelijk want zo ingewikkeld is het niet voor vissen diep, diep, diep in de oceaan.

Iets grijpt me in mijn nek en trekt me omhoog. 'Hè, niet doen, ik ben een vis, ik kan niet boven water.' Geschrokken kijkt Stijn me aan. 'Gek, je bleef veel te lang onder!' 'Sorry, ik was een vis.'

Hij lacht en Marie die klaarstaat met een handdoek lacht ook. We nemen maar even pauze. Terwijl ik mijn bikini en lijf laat drogen in de zon denk ik aan morgen. Denk ik aan hoe ik in het normale leven ook een vis zal zijn. Een vis op het droge, die rustig in stilte rondzwemt en luistert naar zijn gedachten. Traag, zachtjes, eindeloos, sssst.

# Nederland-Zweden

Er wonen meer Nederlanders in LA dan je denkt.

Je komt ze niet toevallig tegen, daarvoor is de stad te groot. Maar ze zijn er wel. Soms bellen ze je zomaar op, zo van: 'Ja, ik heb je nummer van die en die gekregen, hoorde dat je hier zat en dacht: die zal wel eenzaam zijn…' En dan nodigen ze je uit om langs te komen of ergens iets te drinken. Heel aardig. Je voelt dan toch een band. Je deelt toch een, hoe zeg je dat, nuchterheid. Een soort van realiteitszin waar Amerikanen geen kaas van hebben gegeten, zeg maar. En dat is dan ook het gespreksonderwerp: Amerikanen. Dat ze zo vervelend zijn. Zo nep en lastig. Je weet nooit of ze menen wat ze zeggen. En ze zijn altijd zo vrolijk. Ze vinden alles leuk. Als je Amsterdam zegt, beginnen ze te gillen. Worden ze helemaal wild. Denken dat je meteen een joint met ze gaat roken. Of je slipje uit zal trekken en met ze mee naar huis zal gaan.

Als er iets is wat Amerikanen echt niet snappen, dan is het voetbal. Ze hebben geen idee. In het vliegtuig naar Nederland, waar ik een weekje op het toneel ga staan, denk ik terug aan het EK voetbal. En hoe ik glazig werd aangestaard toen ik vroeg waar ik de wedstrijden zou kunnen zien. Als ik geluk had, riep iemand: 'Croif? Croif?' Maar daar bleef het dan ook bij. Gelukkig krijg ik een telefoontje van Stijn (de Nederlandse fotograaf) dat ik mee mag naar het huis van Jan de schilder. Jan de schilder woont in The Valley in een heel groot huis. Met een heel grote televisie. Hij heeft zijn huis helemaal oranje gemaakt. Hij spreekt wel Engels, maar met een Amsterdams accent. 'Een Hollander is een

Hollander,' zegt hij tegen Stijn. Op de grote, leren bank zitten al zijn vrienden. Het zijn Nederlanders met oranje kleren aan. Jans vrouw trippelt rond met broodjes en worsten. Ze blijft in de keuken terwijl wij gespannen naar het beeldscherm staren. Jan is heel erg boos. Hij roept van alles. Snapt niet dat de bal zijn doel maar niet raakt. Ik voel me één met onze jongens. Ik ben een Nederlander. Ik ben een voetballer. Ik weet dat we moeten winnen. Voor onze eer, voor ons vaderland. Ik krijg een biertje. Het is halftwaalf 's ochtends en ik drink nooit. Maar nu wel. Omdat het Heineken is. Omdat ik bier wil drinken en worst wil eten en hard wil schreeuwen voor mijn vaderland. Hijgend staan we aan het zwembad tijdens de rust. Vol heimwee praten we over molens, de Pijp en onze maten die nu wel ergens dronken in cafés zullen staan. We slaan elkaar op de schouder en schreeuwen dat het allemaal kut is, maar toch mooi. Dat we gelukkig onder elkaar zijn hier, dat we elkaar begrijpen. En we nemen nog een bier en een worst en spoeden ons naar binnen.

We kijken, we zuchten, het wordt ons bijna te veel. Wat een spanning, wat een wedstrijd. Er wordt gefloten. En we weten dat er strafschoppen gaan komen. We wissen het zweet van ons voorhoofd terwijl de ene na de andere bal het doel in vliegt. We weten dat we kunnen winnen. We voelen ons heel sterk. Ons Nederlandse eiland in de Amerikaanse oceaan. We zien hoe de laatste bal doorslaggevend, onontkoombaar, pijlsnel een einde maakt aan de stille spanning in het stadion. Een oranje massa komt omhoog. We vliegen elkaar in de armen en gillen onze kelen schor. 'Ja, ja, we hebben gewonnen! We hebben gewonnen, ja, ja!' Voetbal zal nooit meer hetzelfde zijn. Voetbal zal nooit meer zo voelen. Zo nodig, zo van mij. Ik ben een grote gorilla. Ik brul en klop met mijn vuisten op mijn borst. Ik ben Nederlands. Ik ben de kampioen.

# Naar de kerk

Op de hoek van Franklin en Bronson staat een prachtig oud gebouw met een hek eromheen. Vroeger was het een populair hotel waar filmsterren sliepen, trouwden en prijzen in ontvangst namen. Nu hangt er bij de ingang een groot bord: CELEBRITY CENTRE, SCIENTOLOGY CHURCH. Annie en ik willen al weken naar binnen. Om het gebouw te zien maar vooral om deze sekte, die LA in z'n greep houdt, van dichterbij te bekijken.

Nadat we op feesten en partijen vele scientologen hebben ontmoet die allemaal zeer succesvol zijn in hun werk en zeer evenwichtig in hun gedrag, en die bleven roepen dat we gewoon eens binnen moesten lopen, staan we vandaag met drie andere vrienden aan het hek. Er zijn veel Scientology-centra in de stad, maar het Celebrity Centre is er speciaal op gericht om acteurs, kunstenaars, musici en aanverwante artikelen te ondersteunen in hun 'delicate zoektocht naar succes'.

Neonletters flikkeren boven ons hoofd: COME IN! BRING A FRIEND! FREE ACTING CLASSES! We worden in een enorme hal ontvangen door een jonge man in pak. Hij loopt voor ons uit door een doolhof van gangen. Aan de muren hangen sciencefictionachtige foto's van L. Ron Hubbard, de grondlegger en overleden leider van de beweging. We gluren door kieren van deuren en zien mannen en vrouwen in uniform driftig heen en weer lopen in kleine kamers. Annie fluistert in mijn oor: 'They are gonna separate us, don't be afraid, we'll find each other later.' Voor ik het weet zit ik inderdaad ergens helemaal alleen aan een tafel in een hoekje van de prachtige tuin. Er ligt een papier op tafel. Tweehonderd vragen moet ik beantwoorden zodat de computer een grafiek van mijn persoonlijkheid kan produceren. IJverig begin ik de hokjes aan te kruisen. Ik krijg zowaar een Nederlandse vertaling toegestopt als ik zeg dat ik een vraag niet begrijp. Er komt een jongen in uniform naar me toe die diep in mijn ogen kijkt en zegt dat hij me graag wil uitnodigen voor een heel speciaal feest volgende week. Hij zegt dat hij me een enorme discount wil geven omdat hij zo wel ziet dat dat feest voor mij heel belangrijk zal zijn. 'Tom will be there, you know…' Ik kijk hem glazig aan. 'We could get you an agent and manager if you need one.' De jongen loopt weg en ik word door een meisje naar een kamertje gebracht waar een blauwe, *Star Trek*-achtige koffer op een bureau staat. Ze heeft mijn grafiek uitgeprint en begint me te vertellen dat ik de neiging heb om gemeen gedrag te vertonen jegens de mensheid in het algemeen. Ik kijk naar de koffer en wil iets zeggen, maar ze is me voor: 'You wanna know what's inside, don't you?' Ik knik verdoofd. Een apparaat met meters en knoppen komt tevoorschijn. 'This is the E-meter. We are going to determine your tone level.' Ze pakt een boek en legt het geopend voor me. Er staan plaatjes in. Een kinderboek, denk ik. Een vrouw met een zwarte wolk boven haar hoofd is met draden verbonden aan hetzelfde apparaat dat nu voor mijn neus staat. Op het volgende plaatje is de wolk verdwenen en staart de vrouw me met een enge tandpastaglimlach aan. 'You see? We can raise your tone level.' Ze begint de draden die uit de machine lopen aan mijn polsen te bevestigen.

# Nog steeds de kerk

Ik zit in een kamertje in het Celebrity Centre in Hollywood. Tegenover me zit een meisje, een *auditor* noemen ze dat, 'zij die luistert'. Ze heeft allerlei draden die uit een sciencefictionachtig apparaat komen, aan mijn polsen bevestigd. 'We are going to establish your tone level,' zegt ze. Ze draait aan de knoppen en vertelt dat ik moet ontspannen en rustig adem moet halen. 'Okay, are you ready?' Ik knik en staar haar aan. Ze schraapt haar keel en roept dan met zeer luide stem: 'Think of a problem!' Ik schiet bijna in de lach, kan me nog net beheersen en probeer dan uit alle macht aan een probleem te denken... Een probleem? Wie z'n probleem, het mijne?

'You see?' Ze wijst op de meters. Inderdaad, de meters slaan uit. 'You, see? They tell us a lot about you.' Ze maakt een aantekening. Ik wil zeggen dat ik nog helemaal niet aan een probleem dacht, dat ik de opdracht überhaupt niet begrijp, maar het meisje schreeuwt het ene na het andere bevel naar mijn hoofd en ik kan alleen nog maar proberen serieus te blijven en niet in mijn broek te plassen van het lachen.

Als we klaar zijn, haalt ze een aantal papieren uit een laatje en vertelt me dat er drie cursussen zijn die ik absoluut moet volgen wil het ooit nog wat met mij worden als mens. Ik vraag haar of ze fulltime voor Scientology werkt. Ze knikt en zegt dat ze haar hele leven aan de kerk zal wijden, dat ze in een piepklein kamertje woont, dat ze 24 dollar per week verdient en gratis eten en drinken krijgt. Dat ze nooit uitgaat, omdat dat het imago van de kerk zou schaden. 'We work with celebrities, you know. You wouldn't want me to hang out in some nightclub, you wouldn't trust me anymore. It's better for us to stay inside, so you know that your private life stays private. Now give me your phone number.' Ik geef haar een nummer dat ik ter plekke bedenk en wil heel graag weg. 'When you do the courses, in the end, you will become a Clear. You, as a Thetan will be clean and strong and perfect. When you see a Clear, you will know what I mean. Something is holding you back right now and that needs to change.' 'Denk je niet dat ik dat gewoon zelf doe?' probeer ik voorzichtig. 'No, Halina, it's always somebody else, always.'

Ik sta op en loop zonder iets te zeggen de kamer uit. Ik vind het nu niet grappig meer, ik ben misselijk. Waar is iedereen?? 'Halina, come back.' Ik loop door. Snel. Begin te rennen. Waar is Annie, waar is Seth? Ik begin zwaar te ademen, heb het heel erg benauwd. Ik trek dit niet, ik wil naar buiten. Ik struikel naar beneden richting de grote eikenhouten voordeur. Als ik hem bijna open heb, grijpt iemand mijn arm. 'Leaving without your friends?' Een man in pak neemt me mee naar een kamertje waar ik mijn vrienden terugvind. 'Laten we gaan, laten we gaan!' Thuis sluiten we ons via internet aan bij een beweging tégen Sciento-logy.

# Annie spreekt

Dear Holland,

I want to really get to know you, Holland. Maybe you will write me back and we can become best friends. I know so very little about you. I know Anthony Kamerling and Seth Kamphuijs even though I can't even spell his name, and of course I know Halina Reijn. So… tell me more! Are there hot men inside of you who might want to be my boyfriend? If so, I am very worried that I would look bad in the little white hat, and I'm worried that the wooden clogs would make my feet hurt and make too much noise if I wanted to sneak up behind somebody. I also worry that my Dutch boyfriend and I would be on our bike and the windmills would hit me in the head. But still, Holland, I want to know you.

You all must drive your cars so badly, because when Halina and I go out on the road, she always swerves into the other cars and almost kills everybody. We always have to say 'I'm sorry!' and Halina promises she will never, ever do it again, and then, somehow we will make friends with the person we almost killed and he will tell us he owns an expensive restaurant and do we want to come? Sometimes, Holland, Halina and I will write a screenplay and then have a meeting in a big conference room and some important people will tell us how to put Sean Penn in our movie, or maybe, because he is so difficult, we could use Bruce Willis…

But, Holland, there are so many things that you must not have inside you, like barbecue lighters, because Halina cannot work one. She also cannot put the frozen pizzas in the oven, so it's hard to have a frozen pizza. You know, the basics of life in LA. So help me Holland! Maybe when I try to make cheese with everybody you will laugh at me. Maybe when I smoke pot with everyone I will not know how to roll a joint. Maybe, I will not know all the vocabulary to make my thoughts clear. I can say 'Dankjevell', 'Ick how fan jou', 'Kleine cocosnaut' and 'Ick vil je pijpen, vlinder'. But is that enough?

Maybe I will make all the mistakes when I ride my bike and then I will have to figure out how to say in Dutch 'I'm so sorry'. So, Holland, if there is one special man who wants to teach me all about you – someone who is as fun as Halina, but will be my boyfriend and take me on dates and go Dutch and have pannenkoeken and grow old with me, call 323 309 0282. Life as a woman in LA is so short. There are only a few years of sitting by the pool, giving out your phone number and getting yourself out of a lawsuit for bad driving by promising, ever so sincerely, that you will never, ever, do it again.

# The end

Ik loop door de supermarkt. In mijn karretje zit bier en wijn, stokbrood, cola en chips. Ik zoek de plastic bekers. Van die roze. Zoals vroeger. Ik kijk naar een dikke salamiworst in een wit papier, maar besluit dat brie een betere keus is. Brie vindt bijna iedereen lekker. Ik draag de grote papieren tassen naar mijn auto. Ik zet Coldplay heel hard terwijl ik de berg oprij richting mijn huis. Ik zie een film in mijn hoofd. Vliegveld. Vriendje. Vriendinnen. Nederland.

Ik loop de keuken in. Annie is een taart aan het bakken. Ik zet de boodschappen op tafel en loop door naar boven. Ik kijk in mijn kast en pak de mooiste jurk. Regen. Fietsen. Werken. Amsterdam. Ik kijk in de spiegel en ren naar beneden.

Ik zet extra stoelen op de veranda en doe wat chips in een schaal. Feestje. Vandaag, nu, vanavond. Om zeven uur hoor ik geklikklak op de trap. Olivia vliegt op me af en overlaadt me met kusjes. Ik krijg een cadeau. Een groene portemonnee. We roken nog maar een sigaret en kijken naar beneden. Komt er nog een auto aan? Annie brengt de taart naar buiten. IK WIL JE PIJPEN, VLINDER heeft ze erop geschreven. Omdat we haar dat hebben geleerd. Naast de tekst heeft ze een molen en een tulp getekend van roze glazuur. Ze steekt de kaarsjes aan. Ik ben niet jarig. Grachten. Keien. Trambaan. *Volkskrant*. De mensen druppelen de tuin in. Gekus, gegil, geknuffel.

Ik haal nog meer stoelen van boven en voel dat ik het warm heb. Rob tilt me op en fluistert in mijn oor hoe erg hij me gaat missen. Ik begraaf mijn gezicht in z'n roze trui en bijt op mijn lip. Mark zit in een hoekje ons script te lezen. Gisteren, aan een grote vergadertafel met belangrijke mensen, beloofden we nog plechtig dat we dat niet meer zouden doen, scripts laten lezen. Straks gaat er iemand met het idee vandoor. Annie lacht. Ik kijk naar Mark die verdiept lijkt in de donkere belevenissen van Mara. Honderdveertien pagina's. Ik zucht. Schouwburg. Smoeshaan. Leidseplein.

Henry begint een verhaal over zijn broer die op Ibiza woont met een Pakistaans meisje. Ik geef hem een plastic beker met wijn en wring mezelf tussen twee stoelen door naar buiten. Ik zuig lucht naar binnen en kijk naar de stad. Honderden lichtjes schieten heen en weer. In de verte hoor ik een coyote. Marie pakt mijn hand. Zo staan we daar een tijdje. We zeggen niet veel. Ik kijk achterom naar de veranda. Helemaal vol, er kan niemand meer bij. Ik draai me terug naar de stad. Zo anders dan in het begin. Zo groot en prachtig en levend. Matt roept me. Ik zwaai. 'Tomorrow. It's all going to be okay. Just don't think about it.'

Vondelpark. Oliebol. Kleedkamer. Drop. Om vier uur 's ochtends zet ik een grote vuilniszak in de garage. Ik kijk naar het huis. Ik trek mijn schoenen uit en loop op blote voeten de stenen treden op. Dit waren de mooiste vier maanden van mijn leven.

. . . . . .

# Jetlag

Met een moe hoofd fiets ik door Amsterdam. Mijn mobiel rinkelt continu. Ik heb hem onder in mijn tas gestopt. Ik wil hem wel horen, maar even niet beantwoorden. Ik ga bijna weer terug naar LA. Ik ruim mijn huis op en zet de vuilnis buiten. Ik zucht. Ik steun. Ik ben moe. Ik ben verkouden. Ik klaag nog wat. Binnensmonds. Voor mezelf. Ik ga vanavond met Carice naar de Elle Style Awards. We stappen in een taxi en liggen sloom tegen elkaar aan. We kriebelen elkaars arm een beetje en zeggen: we zijn moe. Op het feest is ook een modeshow. De modellen kijken nogal boos. Nou ja, er valt ook niets te lachen. Het is koud buiten. Het regent. En ze hebben vast honger. We praten met wat mensen. We voelen ons niet zo op ons gemak. We poseren voor een fotograaf. We zijn niet in de stemming. We kijken naar de modemensen in hun dure jurken. We kijken naar onszelf. We vragen: 'Krijgen wij ook een keer zo'n mooie jurk?' We moeten eigenlijk naar huis. Mijn tas moet ingepakt en Carice moet gaan slapen. De mensen vragen: 'En de prijs dan?' Die winnen we vast niet. Ze geven ons een tasje met cadeaus en wensen ons het beste. We lopen door de regen. We rijden in een taxi. We nemen afscheid van elkaar. We moeten even huilen, maar houden ons dan flink. Mijn vriendje helpt me met de koffer. Zo'n zware heeft hij nog nooit getild. Ik moet om hem lachen. Om hoe hij daar loopt. We slapen in zijn bed. Heel hard omhelzen we elkaar, grijpen we elkaar, om het niet te vergeten, voor straks. Op het vliegveld zwaai ik mijn arm uit de kom. Ik laat mijn paspoort zien en loop door het poortje. Ik pak mijn handtas van de band. Ik koop sigaretten.

Ik kijk naar de klok. Ik zeg zachtjes dat ik moe ben. Ik zit in het vliegtuig, maar val niet in slaap. Het licht achtervolgt ons. De nacht wil maar niet komen, de dag vliegt met ons mee. We landen. We wachten. We worden ondervraagd. Wat komen ze toch allemaal doen, denken die Amerikanen. 'Nee hoor, niets. Gewoon vakantie.' En ik heb geluk, ik mag erin. Onze koffers draaien rondjes. Ik pak de mijne van de band en sleep hem mee naar buiten. Annie en Seth staan daar te wachten. Annie stopt me in haar auto. 'Je bent een beetje moe.' Ik leg mijn hoofd op haar schouder en kijk door het raampje naar de zon, die maar niet onder wil gaan.

# Beste vriend

Ik zit naast Annie in mijn Daewoo Lanos. We zijn op weg naar Malibu Colony om iets af te leveren bij Sean Penns *best friend*. We stoppen bij een enorm hek met hefbomen. In een huisje zit een donkere man in uniform. We zeggen dat we iets komen brengen voor meneer x. Hij draait een nummer en belt naar z'n huis. We moeten maar even binnenkomen, herhaalt de bewaker.

We krijgen een papier om in de auto te hangen zodat iedereen in de Colony weet dat wij goed volk zijn. Als we de hoek om rijden, zien we Pamela Anderson op een fiets. Ze zwaait vriendelijk en wij schamen ons een beetje voor de vlekken op de auto. We stappen uit en zien een enorme villa van donker hout. We zoeken naar de deurbel, maar daar doen ze niet aan, hier. Je loopt gewoon naar binnen. De deur staat altijd open. Het huis staat op het strand. De golven klotsen tegen het hout. Onze monden vallen open. Zoiets moois hebben wij nog nooit gezien. We slaken zachte kreten en hollen naar de zee. Sean Penns best friend kijkt vanaf zijn terras naar onze voeten die door de golven stappen. Hij geeft ons flesjes water en praat over zijn werk. Wij luisteren aandachtig en zeggen hoe prachtig het huis is, hoe mooi de schilderijen, hoe zacht de witte bank. Hij vertelt ons over Sean en hoe ze lang geleden alle meubels uit het raam van het Amstel Hotel hebben gegooid. Dat ze de volgende ochtend het hotel verlieten en een rekening kregen waarop alle tafels en stoelen die op de bodem van de Amstel lagen, vermeld stonden. Dat ze elk de helft van het geld hebben betaald en dat de receptionist vriendelijk glimlachte en zei dat hij hoopte dat ze snel weer naar het hotel zouden terugkeren. 'Wat een klasse! Wat een service!' lacht meneer x.

We vinden het een mooi verhaal. We drinken van ons water en kijken naar de zee. We vragen ons in stilte af of wij ooit, over heel veel jaren, ook een houten huis in de Colony zullen kopen. Meneer x vraagt naar ons verleden, hij wil weten wie, wat en waarom. We vertellen hem een beetje over Nederland en Boston. We zuchten diep en zeggen dat we nu weer moeten gaan. Dat vindt hij jammer. Hij zit hier ook maar helemaal alleen, ver weg in een dorp met een hek en een bewaker. Hij krijgt niet elke dag bezoek van een blondine en een brunette. We knikken en zeggen dat we snel weer zullen komen. Badpak mee, dat vindt hij fijn. We zullen vrienden worden, verzekeren we hem, vrienden met Sean Penns beste vriend. Wie had ooit gedacht dat hij nog vrienden nodig had?

# Genomineerd

Ik ben net wakker. Annie en ik staan allebei half aangekleed wazig voor ons uit te staren, midden in haar kamer. We gaan ontbijten, hebben we bedacht. Mijn mobiel rinkelt. We draaien onze hoofden in de richting van het geluid. Geen telefoon te zien. Ik zak traag door mijn knieën en voel met mijn hand onder de lakens. Ik vind mijn telefoon binnen in het dekbedovertrek en druk net op tijd het groene knopje in. 'Je bent genomineerd!' roept een stem. Ik hou het apparaat een stukje bij m'n oor vandaan. 'O?'

Annie kijkt me aan en gebaart dat ze weg wil. De stem aan de andere kant roept nog meer enthousiaste dingen. Ik begin mijn autosleutels te zoeken en zeg tegen de stem dat ik over 10 minuten terugbel.

Ik kijk naar Annie. 'I've been nominated.'

'What for?'

'Best actress.'

'For like, the Dutch Oscars?'

Ha, mijn autosleutels. Ik grijp mijn sigaretten en we lopen de deur uit. We gaan met mijn auto, want die staat dichterbij. Het is rustig op straat, zo net na de ochtendspits. Er waait een zacht windje. Ik draai mijn raam open. We roken een sigaret. We laten onze armen nonchalant naar buiten hangen. Zonnebrillen op. *Dutch Oscars*, denk ik, dat klinkt mooi.

Annie kan het niet geloven: 'Oh my God! Oh my God! That is fantastic! Oh my Gód! Aren't you excited?'

We parkeren bij een klein café waar ze voor twee dollar toast met jam verkopen. We eten en werken een beetje aan ons script. Ik leun achterover en denk aan Nederland, aan rode lopers, aan hapjes en camera's. Het lijkt heel ver weg.

Ik herlees de scène die ik net geschreven heb en grinnik zachtjes om een zelfbedachte grap. Annie smeert nog wat jam op een stukje brood en vraagt wanneer ik vertrek. Vertrek? 'To Holland for the awards!'

Ik antwoord niet. Ik kijk naar een grote palmboom aan de overkant van de straat die zachtjes heen en weer wiegt. Ik trap mijn schoenen uit en voel de warme stoeptegels onder mijn voeten. Ik neem een slokje cola light. Ik denk aan de producenten die we morgen gaan ontmoeten. Ik denk aan Jan en Mara en Renee en aan alle andere personages uit ons verhaal. Ik denk aan hoe het afloopt, en aan welke acteur wie zal gaan spelen. We steken nog maar een sigaret op. We zijn immers schrijvers en die roken altijd veel. We klappen onze laptops dicht en sluiten onze ogen. 'I am not going,' mompel ik. 'I'm staying here with you.'

# Theo

Midden in de nacht gaat mijn telefoon. Ik draai me om en wacht tot het gerinkel stopt. Iemand uit Nederland zeker. Iemand die vergeten is dat wij hier negen uur eerder leven dan zij. Ik voel hoe ik wegzak in een droom over scripts en producenten. Ik sluit mijn ogen, even is het stil maar dan weer dat geluid, en er piepen sms'jes binnen. Een, twee, drie… ik grijp naast mijn bed, mijn vinger vindt de uitknop en ik draai me op mijn linkerzij. Ik knijp mijn ogen dicht en probeer te verdwijnen, de nacht in. Iets kriebelt aan mijn voet maar ik negeer het en zoek naar slaap. Te laat. Mijn ogen zijn open. Ik schop het laken weg. Op mijn grote teen kruipt een babymiertje. Ik probeer het te pakken, maar het is me te snel af. Ik laat me achterovervallen en staar naar het plafond terwijl mijn hand de telefoon zoekt. Nu ik toch wakker ben, kan ik net zo goed mijn voicemail checken. Het schermpje licht op. Ik zie dat ik acht berichten heb. Ik druk op de knop om de eerste te openen. Er staat een zin. Geen naam. Vijf simpele woorden, maar ik begrijp ze niet.

Ik leg de telefoon terug op de stapel boeken naast mijn bed. Ik bevries. Een minuut. Twee misschien, zit ik daar. Stil. Theo van Gogh is doodgeschoten. Ik prevel de zin, ik fluister de zin.

De woorden krijgen geen betekenis. Ik toets een nummer in. Ik kijk naar de klok. Ik hoor hoe Carice opneemt. Ze begint meteen te praten, over hoe het is gebeurd en wie het heeft gedaan en ik zeg niks, ik luister naar haar stem die jachtig klinkt en schor. Ze blijft maar dingen zeggen. Over de Dam. Op de Dam een lawaaitocht. Over mensen die aan het huilen zijn op de tv. En ik hoor het, maar ik begrijp het niet. Ik begrijp het niet. Er schieten beelden door mijn hoofd van een restaurant ergens in Zuid. Ik hoor hem praten over films, verhalen en acteren. Ik zie hoe hij een grap maakt, hoe zijn buik schudt als hij lacht. De stapel boeken naast mijn bed, denk ik. Ik pak het boek dat hij me heeft gegeven. Ik leg mijn hand op de kaft. Met een mes, zegt Carice en iets over een briefje. Ze vraagt of ik er nog ben. Ik zeg ja, en mompel dat het verschrikkelijk is, verschrikkelijk is, verschrikkelijk is. Ik denk aan zijn zoontje achter op de fiets. Haar stem trilt aan de andere kant van de lijn.

We hangen op. Ik laat mijn handen vallen op mijn buik en alles is stil.

# Wat drinken

We liggen in bed. We hebben een film gehuurd: *Saved*. Ik ben moe. Af en toe vallen mijn ogen dicht. Ik kijk naast me. Annie ligt doodstil naar het scherm te staren.

Het meisje in de film duikt een zwembad in. Ze praat onder water. Er komen bellen uit haar mond. Ze vertelt een geheim. Ik draai me op mijn zij en glijd langzaam de nacht in. Het is nog maar tien uur of zo.

Er piept iets. Ongeduldig piepen en trillen. Ik open mijn ogen en grijp naar m'n telefoon. 'Ja? Hallo?' zeg ik een beetje verdwaasd, half slapend nog.

'You girls wanna have a drink?'

'Hey, Bob! How are you?'

Hij stelt voor om over een uur af te spreken bij Guys. De club waar alle sterren komen, waar je binnen mag roken, en waar je alleen in komt als je de eigenaar kent.

Wij sloffen door Annies huisje. We poetsen onze tanden en smeren wat make-up op ons gezicht. We trekken toch maar een jurk aan en zuchten een diepe zucht. Dan lopen we de koele nacht in. Ik kruip achter het stuur. 'Jezus, even wakker worden,' zeg ik tegen Annie. Ze lacht en verzekert me dat het een goede avond wordt. Ik start mijn Daewoo Lanos en rij richting Beverly Hills.

Er brandt een lampje in mijn auto. Ik zeg Annie dat de deur niet dichtzit. Ze probeert hem te sluiten, maar we rijden te snel. Ik rem zachtjes af tot we bijna stilstaan. Als Annie de deur wil dichtslaan, klinkt er achter ons een keiharde huil. Ik draai me om en zie hoe een man in uniform stappen in mijn richting zet. Ik kijk naar Annie, maar die heeft niets te zeggen. Ik wil mijn auto uit, maar de politieman schreeuwt dat ik dat niet mag doen. Hij wil mijn *license* en *registration*. Hij vraagt of ik gek geworden ben, hij vraagt hoe vaak ik al aangehouden ben wegens het verstoren van het verkeer. Hij roept dat ik wel drie ongelukken had kunnen veroorzaken. Hij vraagt of ik weet hoeveel boete ik nu moet betalen en dat dit geen overtredinkje is maar een *felony*. Een heel zware overtreding van de wet! Dat mijn *driving record* voor altijd besmet zal zijn. Ik kijk hem aan en zeg dat ik nog nooit een politieman van dichtbij heb gezien. Hij is even stil, wendt zijn hoofd af en besluit me dan voor deze keer te laten gaan.

We rijden verder. Bob belt ons weer. 'What the fuck is taking you so long?' We parkeren de auto op Beverly Drive. Bob rent naar ons toe. Hij zegt ons dat we in zijn auto moeten stappen. Ik snap het niet. We gingen toch naar Guys?

Hij stopt bij het Belage Hotel, een bruin, lelijk gebouw op Sunset. Ik pak mijn tas en stap uit. Ik staar verward naar een groepje mensen bij de ingang. Als ik me omdraai, kijk ik ineens recht in de ogen van Sean Penn. Hij steekt zijn hand uit. 'Nice to meet you.' Ik voel mijn wangen gloeien. We lopen naar binnen en bestellen drank en eten. Eindelijk. Ik ben wakker. Ik kijk hoe hij naar ons kijkt en dingen zegt en vraagt en ik kijk naar Bob die hem vertelt hoe we vorige week dit en dat. En ik pak mijn eigen hand en ik knijp erin. En ik droom niet, ik ben er. Ik zit hier. Ik ben wakker, en naast me zit Sean Penn.

# Glamour

Vandaag gaan we naar een filmpremière. Een Amerikaanse producent heeft ons uitgenodigd. Er is een rode loper en veel pers, net als bij een Nederlandse première. Het verschil is het smokingbeleid. In Tuschinski (de Amsterdamse bioscoop waar de meeste Nederlandse films in première gaan) moeten alle mannen een smoking aan. Spijkerbroeken verboden, strikje verplicht. Als je niet aan de eisen voldoet, kom je er gewoon niet in. Acteurs, regisseurs, producenten, soapsterren, popidolen, presentatoren, leden van het Koninklijk Huis: geen strikje? Daar is de deur!

In Hollywood gaat dat heel anders. Men loopt hier met verwarde haren, in een broek met gaten en gympen aan de rode loper op. Het is chaotisch en ongedwongen. Sommige meisjes hebben een mooie jurk aan, anderen sloffen op hun slippers en een korte broek de zaal in. Sterren als Ali G en James Woods lijken zo van hun luie stoel de auto in te zijn gestapt.

In Nederland wil men graag Hollywoodje spelen. Ze denken dat je dan een net pakje aan moet doen. Een wit overhemd en een zwarte strik. Dat is glamour, denken ze. Glamour is een raar woord. Het klinkt goedkoop, het is Albert Cuyp en parelmoeren beeldjes in een glazen kast.

Ik loop naar binnen. Ik zoek een plaats, terwijl Annie buiten wacht op een vriend of minnaar, dat weet ik niet precies. Voor me zitten twee blonde vrouwen, ze giechelen. Een man in pak met grijze haren blijft staan en zegt: 'Hello.'

'So you're gonna be at the Playboy Mansion for Halloween?' vraagt de blondine.

'Yeah, sure. What are you gonna be?'

'I'm going to be a mermaid.'

De man knikt. Hij vindt dat een goed idee. Glamour, denk ik, dit is glamour. Annie en haar vriend/minnaar komen naast me zitten. Het wordt donker. De regisseur van de film houdt een onverstaanbare speech. De film begint. Het gaat over porno. Vrij saai. Slaapverwekkend zelfs. Na de film is er een afterparty. Naakte meisjes met bloemen op hun lijf dansen op een podium. Er is een zaal met een band en de drank is gratis. Een vrouw van tachtig komt bij Annie staan en zegt dat de naakte meisjes lelijke borsten hebben. Dat ze niet snapt waarom ze geen *implants* hebben.

'My tits are less saggy than theirs, for God's sake!'

Ze maakt zich er nogal druk om. Annie kijkt de andere kant op, ze is haar minnaar kwijt. De producent van de film heeft een camera en filmt het feest. Er komt een fotografe naar me toe: of ze een foto mag maken. Ja hoor, waarom niet? Twee mensen staan te tongen midden in de ruimte. Anderen wisselen visitekaartjes uit. De hoofdrolspeelster zit alleen in een hoekje en rookt een sigaret. Een man met een oortje in loopt naar haar toe en zegt dat dat dus niet mag, roken binnen. De actrice antwoordt dat het háár feest is, en dat hij z'n bek moet houden. Glamour, denk ik. Overal hetzelfde. In je hoofd misschien, maar eigenlijk bestaat het niet.

# Goede voornemens

Het is bijna Kerstmis en de zon schijnt. Dat klopt niet. Ik weet nog dat ik dat altijd in films zag, toen ik klein was. Mensen in Californië die in t-shirts met korte mouwen een kerstboom kochten. De huizen zijn versierd met flikkerende lampjes. In de winkelcentra schalt 'Silent Night' door de luidsprekers. Sneeuwpoppen van plastic staren houterig naar voorbijgangers. Het heeft iets kinderlijks. Iets belachelijks. 'The Holidays, the Holidays.' Eerst vieren ze nog even Thanksgiving. Ze braden een enorme kalkoen en herdenken dat ze samen met de indianen een barre winter hebben overleefd, ooit, zo veel jaar geleden. Maar diezelfde indianen zijn daarna snel afgeschoten, door diezelfde Amerikanen. Verwarrend allemaal, hè? Vinden zij van niet. Ik mis Holland! Ik mis ons gure weer. Dat je een winterjas aan moet, niet zo'n laf vestje. Ik mis mijn lieve moeder en zussen. Ik mis mijn huisje met tikkende kachel die het al jaren niet meer goed doet. Als ik thuiskom, koop ik een nieuwe, ik koop gewoon een heel nieuw huis. Ik begin helemaal opnieuw, uitgerust en met nieuwe levenslust. En ik raak niet meer overwerkt, ik doe het rustig aan en al die dingen. Stoppen met roken, lief zijn voor zwervers. Ik ga een boek schrijven en begin een actiegroep voor iets. Ik moet nog even bedenken waarvoor precies... En ik neem Annie mee naar Nederland. En Sean Penn belt ons dat hij onze film wil doen. En dan vlieg ik weer terug naar LA. Naar de warme zon en die eeuwige palmbomen en het geronk van al die motoren in al die auto's die hier maar over de wegen scheuren, eindeloos. En ik leer mezelf beter kennen, nog beter, want daar gaat het tenslotte allemaal om, geloof ik. Persoonlijke groei, zeggen ze. En ik ga niet meer negatief denken over wat dan ook, alles zal positief benaderd worden. Geen berg te hoog, je kent dat wel. Ik zal de krant lezen en naar het nieuws kijken. Ik zal geld storten op rekeningen van Artsen zonder Grenzen, Greenpeace en Unicef. Ik zal geen kleren meer kopen, maar wijs investeren. Ik ga mijn pensioen regelen en verstandig, bewust omgaan met geld, belasting en al die dingen meer. Ja ja, het wordt een fantástisch jaar, dat voel ik al. Het dient zich aan, het komt naderbij, onvermijdelijk. Ik ga al mijn vrienden bellen en ik vertel ze hoeveel ik van ze hou en wat ze voor mij betekenen, stuk voor stuk. Ik zal niet depressief zijn, maar vrolijk. Ik zal niet bang zijn, maar vol vertrouwen. Ik zal niet twijfelen, maar weten. Ik zal luisteren en geven, goed en puur, wijs en eerlijk zijn. Op z'n tijd spontaan en charmant, maar meestal bedachtzaam en rustig zijn, geloven in mezelf en anderen, niet te laat komen, stipt zijn zelfs, aardig en beleefd zijn, creatief, zelfstandig en tegelijkertijd kwetsbaar zijn. Ik zal alles zijn voor iedereen, te beginnen bij mezelf, ik zal sterk zijn: een baken, een schouder, een rots in de branding zijn. Een volmaakt wezen zijn. Geen foutje te zien. Fantastisch. Ongelooflijk, onmogelijk, vlekkeloos leven.

# Vrede

Met mijn vriend loop ik door de straten van LA. Hij is op bezoek bij mij. We praten watervallen: toestanden, thuis, Nederland. Dat het uit de hand loopt, zegt hij. Ik knik en huppel om hem bij te houden. Hij zegt dat ik het niet echt kan begrijpen omdat ik er niet was toen het gebeurde. En ik zeg ja en knik weer om te laten zien dat ik hem echt niet tegenspreek of zo. Hij zegt dat het anders is nu, hoe mensen zich voelen in Amsterdam, Den Haag, overal, alle steden. Dat het nu helemaal ver te zoeken is, de oplossing, of in ieder geval het streven naar.

'Naar wat?' vraag ik. Maar hij neemt zulke grote stappen dat ik hem zelfs huppelend niet meer kan bijhouden. Ik herhaal mijn vraag en probeer hem te bereiken.

'Naar eenheid, iets van eenheid of hoe je het ook wilt noemen, samen, weet ik veel, rust in alle kampen, geen kampen meer, je weet wel, vrede.'

'Ja,' hijg ik en pak zijn arm.

Hij stopt. Hij is kwaad. Hij komt niet meer uit zijn woorden. Hij wil het mij vertellen. Hij wil het aan mij duidelijk maken, het gevoel van hoe het is in Nederland. Nu. Later op de dag rijden we een eind de natuur in, eigenlijk de woestijn in. We nemen een kamer in een goedkoop motelletje in een verlaten westerndorp. We bakken een paar eieren en kijken naar de sterren. We drinken op de nacht, de zwarte nacht, met hier en daar een puntje licht. We drinken op een oplossing en vrede voor het hele volk. Het hele wereldvolk.

In bed houden we ons vast aan elkaar en liggen uren wakker.

Als we opstaan, schijnt de zon onze lijven warm. We maken een wandeling en moeten toegeven dat we door de bergen en de vlakte ook even vergeten hoe het allemaal misgaat, in het algemeen. Dat we even stilstaan om vanboven op een heuvel naar beneden te kijken. En dat we, als we dan geen levend wezen of zelfs maar het vermoeden van een huis zien, een auto of een fabriek, dat we dus alleen maar dingen zien die van de aardbol zelf zijn, we even denken dat we helemaal alleen zijn. Stiekem wanen we ons de eerste en laatste mens. En dan dromen we dus over simpelheid en eenvoud en we laten de wind ons verdriet wegwaaien, dat toch al niet van ons was.

Maar al snel zijn we weer aan het rijden en de radio praat over polarisatie en verdeeldheid en we zuigen het weer op en eigenen het ons toe. We zeggen dat we kwaad zijn, verontwaardigd, woedend ook. Nog even, en we haten. Want waarom is het allemaal verpest? En wie heeft dat gedaan? En als je niet met ons kan, dan ben je dus tegen. En we draaien het raampje open en we houden elkaars hand vast en we bidden een gebedje. Dat de vrede snel mag komen.

# Iets tussen Arnold en mij

Arnold Schwarzenegger heeft geld nodig. Niemand betaalt hier normaal belasting zoals bij ons, dus de overheid heeft niets om uit te geven. Ondertussen zijn de wegen om te huilen, zitten de straten vol gaten en verpauperen de buurten. Vandaar dat Arnold tegen al z'n politiemannen en verkeersagenten heeft gezegd: zo veel mogelijk tickets, bonnen en boetes uitdelen! En dus zie ik vandaag een groot oranje bord op de voorruit van mijn auto: WARNING DO NOT MOVE THIS VEHICLE.

Een wielklem, een heuse wielklem in LA. Omdat ik mijn *parking tickets* niet heb betaald, zegt Annie. Ze staat een eindje verderop verveeld aan haar haar te plukken. 'Ja, en nu? En nu?!' roep ik verontwaardigd. 'Ik heb verdomme gisteren een *money order* van 205 dollar naar ze opgestuurd.'

Annie gooit haar hoofd in haar nek. 'O, denk je dat ze die nu al gekregen hebben of zo?' Ik kijk naar haar, naar hoe ze daar staat. 'De post doet er hier minstens twee, drie dagen over.'

Jezus christus, wat een derdewereldland zeg! Wat een armoe. Wat een achterstand. De post doet er drie dagen over. Binnen dezelfde stad. Ik bijt op mijn lip. Ik heb zin iemand enorm in elkaar te trappen. *God bless America, the land of the free.*

Annie gebaart dat ze weg wil. 'Ja hallo, ik blijf hier hoor, ik moet dit regelen.' En bovendien, ik kan even niemand om me heen hebben nu. Dit is iets tussen Arnold en mij.

'Hoe ga je het regelen zonder auto?' Ongeduldig wiebelt ze met haar been.

Weet ik veel. Kutland. Met de fiets? Binnensmonds vloekend

loop ik achter haar aan. Jezus. In de auto begint ze te blaten over dat ze het gevoel heeft dat ze alles tegen mij kan zeggen. Over dat ze liever niet heeft dat ik tegen haar zeg dat ze een jas mee moet nemen voordat we de deur uit gaan. Omdat dat haar aan iets heel traumatisch herinnert, iets uit haar jeugd waar ze eigenlijk niet meer over wil praten, maar waarover ze nu misschien toch wel moet praten om aan mij uit te kunnen leggen dat ze zich daardoor soms een beetje koel gedraagt en dat het vooral met haar moeder, of liever gezegd met de moeder… moeder… moederfiguur te maken heeft. In het algemeen dat waar moeder voor staat. In de wereld…

Ik kijk uit het raam, ik grijp me vast aan de deur, ik kan het niet meer horen. Dat Amerikaanse gezwets, de quotes uit de zelfhulpboeken, de schaamteloze openheid, ik kan het niet meer aan. Hou je bek, mijn auto heeft een wielklem, kunnen we ons alsjeblieft daarmee bezighouden? Wat een lef, wat een egocentrisme. Het is niet Annie, het is dit hele godvergeten volk. Wat een farce, wat een enorm gebrek aan relativering. 'Wilhelmus van Nassouwe ben ik van Hollands bloed,' zing ik zachtjes terwijl we over het slechte wegdek stuiteren.

# Feesten!

Ik hou niet zo van uitgaan. In Nederland ben ik 's avonds meestal aan het werk. Ik speel, ik repeteer of ik heb een nachtshoot. Als ik vrij ben, zit ik thuis. Tekst leren. Of ik kijk dvd's op de bank met mijn vriend. Soms ga ik langs bij Carice, we roken dan sigaretten en aaien elkaars rug. De enige kroeg waar ik kom is de Smoeshaan, een acteurskroeg vlak bij het Leidseplein waar ik mensen ontmoet die ik al lang ken. Soms wordt het wel eens laat. Maar de Smoeshaan gaat vrij vroeg dicht, dus om twee uur lig ik zeker te slapen.

Hier in Los Angeles kom ik wel eens op een feest terecht. Of in een club. Ik hoef hier niet te werken zoals in Amsterdam en ik merk dat ik opeens behoefte heb aan een nachtleven. Mijn lichaam is voor het eerst sinds jaren uitgerust en ontspannen. Ik kan uren dansen, uren cola light drinken en domme gesprekjes voeren, zonder dat er flarden van toneelstukken of films door m'n hoofd schieten. Zonder dat ik rond middernacht voel hoe mijn lijf begint te weigeren en mijn hoofd begint te schreeuwen van verlangen: 'Diepe slaap. Zwart. Zonder dromen. Nú! Eindstation: bed.'

Afke Reijenga en Mischa Klein, kunstenaars uit Amsterdam, zijn in Los Angeles. Professionals op uitgaansgebied. Er is geen club waar zij niet in komen, geen drankje dat zij niet hebben gedronken, geen lichaam dat niet door hen is aangeraakt. Seth en ik ontmoeten hen in het Chateau Marmont. Afke dartelt door de lobby van het hotel. Ze is prachtig. 'Net een elfje,' zeg ik tegen haar man. Hij glimlacht naar me en biedt me champagne aan.

Ik schud mijn hoofd en bestel een cola light. Mirjam Kruishoop, een Nederlandse filmregisseuse, voegt zich bij ons. We zitten en lullen en lachen en ik geniet van de taal en de botte grappen, van de nuchterheid en de energie. 'We gaan feesten!' roept Afke en ik schreeuw met haar mee. 'We gaan feesten!'

Na een bezoek aan de exclusieve club Guys voert Afke ons mee naar het huis van een Amerikaanse regisseur. De groep wordt steeds groter. Als de rattenvangers van Los Angeles bewegen Afke en Mischa zich door Hollywood. Iedereen wil aan hen ruiken, een blik uitwisselen, een gesprekje voeren. Er hangt iets om hen heen wat zo aanstekelijk is, zo positief en verleidelijk en energiek, dat het ons allemaal vrolijk maakt. Iedereen wil genieten van de donkere nacht, zo lang mogelijk, tot het licht wordt. Ik ben wakker en het is al bijna vier uur 's ochtends. Het huis is prachtig. 'Het is al bijna vier uur!' roep ik trots. We hangen wat rond. Steken het haardvuur aan. Iemand zet muziek op. Ik dans, ik zing zachtjes mee en wieg heen en weer op het ritme dat uit de speakers dreunt.

Ik loop naar buiten, naar het zwembad, kijk naar de sterren en de stad die onder ons ligt. Ik steek een sigaret op en zie dat de zon langzaam omhoog begint te klimmen. Ik voel me enorm stoer. Ik voel me jong en wild en al die dingen. Ik kijk naar het blikje cola in mijn hand. Ik grinnik. Zes uur 's ochtends, in een villa ergens in de Hollywood Hills. Hoge hakken, sexy jurkje. Acteurs, regisseurs, kunstenaars, producenten, en ik sta hier. Broodnuchter en ontspannen. Ik kijk naar de bergen in de verte en verlang allang niet meer naar huis.

# Date

Toen ik een jaar of twaalf was, ging ik regelmatig naar Engeland om mijn nichtje Ingrid te bezoeken. Ingrid is even oud als ik. Ze had het altijd over daten: 'When I grow up I am going to date a really handsome man.' Ik begreep nooit wat ze bedoelde maar durfde niet om uitleg te vragen omdat ik geen sukkel wilde zijn. Vorige week, ik was nog in LA, kwam uit dat ik nog steeds een sukkel ben.

Annie zegt: 'I'm going on a date tonight.'

Ik glimlach en wens haar veel plezier. 'Is he a handsome guy?' vraag ik.

'I don't know, I have never met him before.'

Een blind date dus. Vreemd. In Nederland daten wij niet, ik tenminste niet. 'Wat doen jullie dan?' vragen de Amerikanen. 'Weet ik veel. Je ontmoet elkaar, je praat, je komt elkaar weer tegen, je wisselt telefoonnummers uit, je gaat met een groep vrienden wat drinken, je kijkt een dvd op de bank, je wordt verliefd of je hebt een onenightstand.'

Ik besluit die avond om naar het Chateau te gaan. Het is druk. Nicole Kidman zit op de bank, Naomi Watts rent richting toiletten, overal mensen. Jack Black zingt een lied en begeleidt zichzelf op de piano. Gezellig, denk ik en bestel een cola light aan de bar.

'Your friend is over there,' mompelt de barman.

Ik kijk en zie Annie zitten met een aantrekkelijke man. Ik zwaai en voeg me bij hen. Ik stel me voor. Hij is heel vriendelijk. Dit is dus een date, denk ik, en nog wel een blinde. We kletsen wat over honden, een favoriet gespreksonderwerp van Amerikanen. Ik zeg dat ik honden irritant vind, vooral van die kleine met een Gucci-halsband en een blonde bazin. Annie en de man kijken mij niet-begrijpend aan. Ik haal mijn schouders op en besluit maar weer aan de bar te gaan zitten.

Ik denk aan vroeger. Ik denk aan de vriendjes die ik heb gehad en vraag me af hoe ik verkering met ze kreeg zonder te daten. De barman zegt dat de man altijd betaalt.

'And what does he expect in return?' vraag ik terwijl ik met een rietje in mijn cola roer.

Hij zwijgt. Hij denkt na. 'I don't know.'

Ouderwets, denk ik. Ouderwets en achterlijk. Ik zou me enorm opgelaten voelen. Ik zou niet eens meer voor die man kunnen vallen als ik een hele avond tegenover hem zou moeten zitten, geforceerd zou eten van voedsel dat hij straks betaalt, mijn hersens pijnigend op zoek naar een gespreksonderwerp uit angst voor een ongemakkelijke stilte.

Ik gluur naar mevrouw Kidman die alleen oog heeft voor Steve Bing, haar nieuwe liefde. Ze kijkt naar hem terwijl hij met haar vrienden praat, grappen maakt, champagne inschenkt. Ze zit in stilte te genieten van zijn hand die even haar wang aanraakt. Van zijn bulderende lach. Van haar vriendin die naar haar knipoogt. Net Nederland, denk ik. Net Amsterdam.

De volgende dag zegt Annie dat ze het heel naar vond dat ik bij haar en David (de blind date) aan tafel kwam zitten. 'You don't interrupt a date,' zegt ze.

Wat vreselijk voor de Amerikanen dat hun paringsdans volgens strakke regeltjes gedanst moet worden. Elk stapje ligt vast, elke beweging is voorgekauwd. De man leidt, de vrouw volgt. Prehistorisch. 'I am sorry,' zeg ik tegen Annie, 'I am a sukkel.'

# Annie spreekt 2

Halina and I are older and wiser now, Holland. We have grown up, moved into a new apartment. We went through a shoplifting phase, when we stole a CAUTION! WET FLOOR! sign and made it into CAUTION! WET PUSSIES! We wrote two scripts. I learned to walk in the wooden shoes that Halina's boyfriend brought me. Halina learned to shoot a gun. I learned: 'Dat mag niet doen. Dat mag niet zeggen.' Halina learned to say: 'Oh my god. That's amazing! We're totally gonna touch base later.' We made a lot of friends, like Sean Penn, and Benicio Del Toro. We threw a huge dinner party and cooked two large chickens. Seth made us smoke outside. We had a table cloth and apple crumble.

I don't know why we threw the dinner party but, now, it feels like we had to celebrate everything that changed since Halina came to LA. We had twelve people come and eat salad out of a very big bowl. I look across the balcony, sitting right where everyone gathered; smoking, laughing, and I see the dirty tablecloth that still hasn't been washed. Why haven't we washed it?

I have to ask you to keep a secret, Holland. Halina is leaving. She refuses to talk about it. I mentioned it the other day, and Halina screamed 'Noooooooo!' and put her sunglasses on and smoked her cigarette and looked out over the balcony, quiet, still. The 'Nooooooooo' echoed gently against the houses next door. So, who can I talk to then, about her leaving? You, Holland. You must understand my sadness, because you had to let go of Halina, too. Did you cry last April when Halina brought her Hello Kitty-suitcase to the KLM desk, bundled in her huge winter coat, her bare legs sticking out? Did you ask yourself over and over again what were you going to do without her?

That's me, Holland. I must be just like you. That's why I want to set up a 'Little LA' in Amsterdam, and a 'Little Amsterdam' in LA. There will be a live satellite feed. I will pick out a few blocks in Beverly Hills and turn one of the botox clinics into a Dutch pancake house. I will take down all the palm trees and put tulips everywhere. Then, I will go to Amsterdam and make one of the canals into a beach. I will import a lot of sand, park a lot of Porsches and BMW's, some Escalades, some rap stars, nearby, I will make a gym, I will import a huge shopping mall with a fake train.

Then, Holland, we can have Halina, as we know her, whenever we want her, no matter where she may be.

# Spontaan

Jong Hollandia is de coolste theatergroep van dit moment. Ze slepen voortdurend prijzen in de wacht en spelen hun zelfgemaakte stukken over de hele wereld. Kopna Kopna is de coolste band. Ze maken eigenzinnige muziek, hebben een theatrale uitstraling, treden op in pak met stropdas en zien er dus heel lekker uit. Gerbrand Burge is de coolste kunstenaar. Hij studeert nog aan de Rietveld Academie en in New York, stikt zo'n beetje in de hem aangeboden beurzen en maakt werk waar iedereen het nu al over heeft.

Nu zijn ze in Amerika. Walter en Maartje van Jong Hollandia, Bo van Kopna Kopna en Gerbrand de kunstenaar. Samen maken ze een film zonder verhaal in de meest kapitalistische stad van de wereld: Las Vegas. Ik rij over Sunset als Seth me belt en zegt dat ik nu naar huis moet komen. Ik vraag: 'Waarom?' 'We gaan nu naar Vegas.' 'Nee, gek, daar ben ik al geweest, en bovendien hou ik niet van spontaan. Ga maar alleen.' 'Je houdt je mond en komt nu naar huis, we vertrekken over twintig minuten.' Nu ik toch bezig ben mezelf opnieuw te ontdekken, moet ik mijn vastgeroeste patroon van plannen en controle ook maar doorbreken. Naar Vegas dus. Over twintig minuten.

Seth rijdt 160 kilometer per uur. Ik hang uit het raam en kijk naar de voorbijschietende woestijn. 'Is toch leuk voor je,' mompelt hij, 'kun je lekker met je kunstenaarsvrienden over intellectueel theater praten.'

Vierenhalf uur later rijden we het gekkenhuis binnen. Flikkerende neonlichtjes verblinden me. Gokkasten produceren schelle geluiden en serveersters in korte rokjes delen gratis drankjes uit. Ik wrijf in mijn ogen en zeg: 'Je kunt zeggen wat je wilt, maar ik hou niet van spontaan.'

Seth stopt bij het Hardrock Hotel, waar we onze vrienden gaan ontmoeten. De Zweedse band The Hives speelt en Gerbrand heeft kaartjes voor ons gekocht. Ik slaak een gilletje als ik Maartje zie staan. Een Nederlands meisje! Dat is lang geleden. Ik druk haar tegen me aan en kus de jongens. Even later staan we in een uitverkochte zaal te springen en te juichen voor de sexy leadzanger van The Hives. Daarna trekken we ons terug op een grote hotelkamer, er wordt champagne besteld en wodka gezopen, ik nip van mijn cola light terwijl ik luister naar de verhalen uit Amsterdam. Jezus, wat heerlijk. 'WAT HEERLIJK!' roep ik. We lullen over theater en over film en hoe het beter kan en verder moet. Ik ga steeds harder schreeuwen. Maartje vraagt hoe het kan dat ik dronken ben zonder alcohol. We rennen naar beneden. We dansen in een van de nachtclubs van het hotel. Ik lach, ik gil, ik voel me thuis. Ik word begrepen, ik druk me uit in mijn eigen taal.

'Wat spontaan,' zegt Walter aan het eind van de avond, 'dat jullie zomaar hierheen zijn gekomen. Wat spontaan.' Ik knik trots en geef hem een kus. 'Ja, ik ben enorm veranderd,' mompel ik tegen mezelf als ik in m'n bed val. 'Enorm.'

# Naar huis

Waar de blanke top der duinen schittert in den zonnegloed,
en de Noordzee vriend'lijk bruisend,
Neerland's smalle kust begroet,
juich ik aan het vlakke strand,
juich ik aan het vlakke strand:
ik heb u lief mijn Nederland,
ik heb u lief mijn Nederland.

Het einde is in zicht. De overgang komt dichterbij. Het vertrek. De reis. De aankomst. Thuis? Waar is dat ook alweer? Schiphol. Vrienden. Vriend. Mama, zussen. Huis. Straat. Stad. Fiets. Gracht. Werk, werk, werk, werk, werk, werk, werk, werk, werk. En de kroeg. En praten en hetzelfde verhaal, steeds weer opnieuw: 'Ja, het was geweldig, het was heerlijk, het was eenzaam, het was zwaar, het was nieuw en eng en groots en vreemd, maar goed en leerzaam en echt en vrij en fantastisch.' Of ik terugga? 'Ja en nee en ik weet het niet en waarschijnlijk wel, maar nu nog niet, maar later.'

Ja, ik heb mezelf gevonden. Wie ik ben opnieuw bedacht. En erachter gekomen dat ik van alles kan. Schrijven en autorijden en nieuwe vrienden maken en op een matrasje slapen en avonturen beleven en nachtenlang wakker blijven en wasberen, coyotes en stinkdieren zien zonder bang te worden en iemand te zijn zonder versiering. Kaal. Sober. Kern. Sterk. Nu, nu, nu, is het moment. Ik moet terug. Nu is het zover. Nu moeten al die gewonnen gevoelens, al die vergaarde rijkdom, al die inzichten en realisaties in de koffer mee naar Nederland. Nu moet het zich bewijzen. De winst. Het voordeel. Nu moeten de patronen doorbroken worden van moe zijn en te veel werk en sneltrein en angst en slaafsheid. Nu moet er nee gezegd worden en rust genomen en genieten ondanks alles.

Ik ben bang.

Ik zie ertegen op.

Ik wil naar huis.

Ik wil hier blijven.

Ik wil zo blijven als ik nu ben. Precies zo.

Waar dan ook.

De seconden tikken voorbij. Ik denk aan Amsterdam. Ik denk aan hoe ik maanden geleden op het vliegtuig stapte. Ik kijk naar Annie. Ik voel dat ik van haar hou. Ik kijk naar de heuvels. Ik kijk naar de palmboom voor ons huis. Ik kijk naar mijn handen. Ik kijk hoe ze kleren in tassen proppen. Ik kijk naar mijn plank in de kast die leeg is. Ik kijk naar mijn kleine matras dat op de grond ligt en ik moet lachen. Ik denk aan alle nachten die ik op dat ding heb doorgebracht. En ik lach. En ik moet ook een beetje huilen omdat het over is, voorbij maar ook begonnen. Nu. Een nieuw begin. Ik ga op ons balkon staan. Ik steek een sigaret op. Ik luister naar de muziek die uit Seths kamer dreunt. Ik adem. Ik ben. Ik leef. Ik zie wel.

# Holland

Op Schiphol word ik aangehouden. Een donkere man met krullen wijst naar de iPod in mijn hand. 'In Amerika gekocht?'

Ik schud mijn hoofd. 'Nee, van mijn vriendje gekregen.'

'We gaan even in uw koffers kijken, mevrouw.'

'Maar er staan mensen op me te wachten.'

'Mevrouw, we gaan even in uw koffers kijken.'

Een tweede douanebeambte komt aanlopen. Ze beginnen mijn tassen open te maken en vinden de andere, nog verpakte iPod.

'U bent toch actrice? Ik ken u van tv.'

Ik glimlach in de hoop dat ze me nu laten gaan.

De man met krullen loopt naar een kantoortje met de iPod die ik voor Stefan heb gekocht. Verdomme, ik wil dit niet, ik ben moe, ik heb 13 uur gevlogen. Een paar meter verderop staan Carice en mijn vriend. Ik wil naar ze toe, ik wil ze omhelzen en kussen en thuiskomen.

Ze brengen me naar een hokje waar ik een uur moet wachten. Ik bijt op mijn nagels, ik sluit mijn ogen, ik vervloek Nederland. En bureaucratie en vliegvelden in het algemeen. De deur gaat open. De man heeft een papier in zijn hand. 'Dat wordt dan € 100 invoerbelasting.'

*Whatever*, ik betaal het wel, als ik maar weg kan. Nadat ik het geld overhandigd heb en douanebeambte 2 me om een handtekening heeft gevraagd voor zijn vriendin, mag ik eindelijk naar buiten. Ik val Stefan om zijn nek, ik begraaf mijn gezicht in het haar van Carice. Ik snuif vertrouwde geuren op en slaak opgewonden kreten. Het voelt goed. Dit. Thuis. Nederland. Amsterdam.

Op de woonboot van mijn vriendin Anneke wachten Hadewych, Annet, Alex, Fedja, mijn zussen, Jeroen. Ik heb voor iedereen cadeaus gekocht. Op de grote, houten tafel staat een roze taart met een marsepeinen poes erop. 'Heb ik uitgezocht,' zegt Carice trots.

Ik grijp haar kleine lijfje weer vast. Ik kan er geen genoeg van krijgen. Ik kus haar voorhoofd, ik aai over haar ruggetje. Jezus, wat heb ik dit gemist. Realiseer ik me nu pas. Hoezeer ik dit gemist heb. Vrienden. Geschiedenis. Lichamelijk contact.

We drinken cola light, we roken sigaretten. Anneke maakt kippensoep. Ik kijk naar de dikke buik van mijn zus, waar sinds vijf maanden een baby in groeit. Hadewych trekt meteen het strakke hemdje aan dat ik voor haar meegenomen heb.

Er vaart een bootje voorbij. Ik staar naar het water. Ik denk even aan Seth en Annie en palmbomen en aan de witte letters van Hollywood.

'Wil je een krentenbol?'

Ik knik. 'Een krentenbol met kaas,' zeg ik. 'Hollandse kaas.'

Alex grinnikt.

'Ik hou van kaas,' mompel ik. 'Ik hou van water en kaas en oude huizen en fietsen en bootjes en eendjes en hagelslag en kou. Ik hou ook van kou en bewolkt en regen. En ik hou van jullie.'

De palmboom in mijn hoofd verdwijnt. Ik zak een beetje onderuit op mijn stoel. Ik ben moe, te moe om nog te praten. Ik kijk naar mijn vrienden, naar mijn zussen die eten en grappen maken en lachen en schreeuwen en ik ben zo blij dat ik thuis ben. Dit ben ik. Dit herken ik. Hier leef ik. Dit is mijn thuis.

# Man met de regenjas

Waarom is mijn leven zo chaotisch? Ik moet van alles maar doe niks. Een berg blauwe enveloppen op de keukentafel. Overal kleren, vieze onderbroeken. Ongelezen scripts en lijstjes vol punten die afgewerkt moeten worden. Verdomme. Ik doe níks. NIKS! Mijn mobiel rinkelt en rinkelt maar ik neem niet op. Ik wil een sigaret. Ik wil een blikje cola light. De ijskast is leeg.

Ik moet naar buiten. Ik moet naar Albert Heijn. Vuilniszakken kopen. Ik moet mensen bellen en ingewikkelde gesprekken voeren. Maar ik zit hier maar, ik kleed me niet eens aan. Verdomme. Ik zucht. Ik staar uit het raam. Ik denk: er moet iemand langskomen. Iemand van de overheid. Een man met een aktetas en een lange regenjas. Die moet aanbellen. Dan loop ik de trap af in mijn pyjama en zeg: 'Hallo.'

En hij zegt: 'Mevrouw Reijn?'

'Ja, dat ben ik.'

'Heel goed.' Hij kijkt naar mijn pyjama. 'Ik zie het al. Vindt u het goed als we even binnenkomen?'

Ik knik. Vanachter zijn rijzige gestalte komt een kleine vrouw tevoorschijn. Haar in een knot. Schort voor, bezem in de hand. Ik loop de trap op, ze volgen mij. De man pakt een notitieblok. Hij begint meteen te schrijven.

'Maakt u zich geen zorgen, mevrouw Reijn, alles komt dik in orde.'

Ik glimlach en vraag me af of ik ze misschien koffie moet geven, maar bedenk dan dat er helemaal niets in huis is. Niets.

En alsof hij mijn gedachten kan lezen (wat waarschijnlijk ook zo is), vervolgt de man met regenjas: 'Gaat u maar rustig zitten, mevrouw, wij hebben niks nodig, wij komen uw leven op orde brengen, ademt u maar uit, slaakt u maar een zucht van verlichting. De redding is nabij.'

En ik plof neer op een stoel, steek een sigaret op, die me door de meneer wordt aangeboden, en kijk naar het vrouwtje dat al mijn kleren op een hoop legt.

'Het lijkt ons het beste als u even een paar uurtjes verdwijnt zodat wij in alle rust ons werk kunnen doen.'

Ik knik.

De vrouw doet een paar passen in mijn richting. Ze gebaart dat ik op moet staan. Ze pakt mijn hand en neemt me mee naar de badkamer. Ze zet de douche aan en trekt mijn kleren uit. Ik laat haar haar gang gaan. Het zal er wel bij horen, denk ik. Ze duwt mijn lijf de badkuip in en wast me met een roze washand die ze uit haar tas haalt. Dan droogt ze me af en trekt een schone jurk over mijn hoofd.

'We hebben Hadewych gebeld. Ze verwacht je.'

De man brengt me naar buiten. Er staat een grote zwarte auto voor mijn huis. Ik stap in en word naar mijn vriendin gereden. Na een paar uur sloom met haar op de bank te hebben gehangen, wordt er buiten getoeterd. Ik stap weer in de Mercedes. Ik duw mijn voordeur open. Loop naar boven en zie: Schoon. Rust. Leeg. Orde.

De blauwe enveloppen zijn weg. Mijn kleren liggen netjes in de kast. Alle lijsten zijn afgewerkt. Alle lastige telefoontjes zijn gepleegd. Ik maak een sprong. Ik slaak een gilletje.

Ik ga bij mijn raam staan en staar naar buiten. Ik denk: was het maar zo. Was het maar waar. Hoefde ik het allemaal maar niet zelf te doen. KUT. Ik haat de werkelijkheid.

# Mijn vader

Mijn vader is doodgegaan toen ik tien was. Hij was kunstenaar. Hij maakte schilderijen, beelden en geometrische vormen van karton en hout. Mijn moeder heeft na zijn overlijden een aantal schilderijen in haar huis opgeborgen maar ze had geen plek voor de grotere objecten. Gelukkig was de directeur van de Vrije School in Groningen zo aardig om de zolder van de bovenbouw als opslagruimte aan te bieden. Achttien jaar later krijgt mijn moeder een telefoontje. Het is de handenarbeidleraar die ongerust is over het werk van mijn vader. Hij heeft geconstateerd dat de vormen door de school zwerven, dat leerlingen ermee voetballen of ze zomaar mee naar huis nemen.

'We moeten ze daar weghalen, dat gaat niet langer zo,' zegt mijn moeder. Ik denk alleen maar: weghalen? Waar moeten ze dan naartoe?

Een week later zit ik met mijn vriend in de auto, op weg naar het noorden. Mijn moeder rijdt samen met de handenarbeidleraar voor ons uit. We komen aan bij mijn oude school en meteen word ik overvallen door een gevoel van heimwee, van melancholie.

'Ik ben hier nooit meer terug geweest. Ik had dit allemaal in mijn hoofd begraven,' fluister ik tegen Stefan. De leraar opent de deur en pakt een ladder uit een lokaal. We lopen vier trappen op en de grijzende man, die ik me niet meer herinner, wijst naar een luik. Ik beklim de ladder. Op de houten vliering staan veel dozen. Sommige zijn open, hier en daar liggen stukken hout die waarschijnlijk ooit een geheel hebben gevormd. Ik schrik. Ik denk: dit kan niet, dit is te veel, dit past niet in de auto. Stefan en de leraar dragen alles naar beneden en zetten het buiten op de stoep.

'De helft moet weg,' zegt mijn moeder. Ik knik. 'Alles wat beschadigd is, kan in de container.' We beginnen de dozen uit te pakken en bestuderen de kunstwerken zorgvuldig. Ik zie mijn moeders ogen, ik zie mijn vingers op een houten blok. Ze strijken langs de hoekige lijnen. Ik voel mijn vader. Ik voel zijn handen, zijn gedachten, zijn investering, zijn liefde voor kunst, zíjn werk.

Ik open de stalen deksel van de container en kieper een zak uit elkaar gevallen blokjes het zwarte gat in. Waar is hij nu? Waar is hij nu om besluiten te nemen en te bepalen? Wie ben ik om dat te doen en wie is mijn moeder en waarom moeten wij die keuzes maken? Dit bewaren, dat kan weg. Het valt me zwaar. Ik kijk naar de lucht en probeer contact te maken met daarboven, probeer een verbinding te leggen, een stem te horen. Niks. Stilte. Lawaai in mijn hoofd. Woede.

'Waar ben je?' mompel ik. 'Waar ben je godverdomme. Kom terug, het heeft nu lang genoeg geduurd.'

Op de grond ligt een wit papieren vormpje, het is zo klein als de palm van mijn hand. Zeker uit een doos gevallen. Ik raap het op en vind een pen in mijn zak. Ik schrijf: Ik mis je zo. Ik moet een vader. Ik wil dat je er bent. Ik heb het 18 jaar lang geprobeerd, maar ik kan niet zonder.

Ik pak een aansteker en steek het papier in de fik. Ik kijk naar de zwarte stukjes kunst die naar beneden dwarrelen. Ik sluit mijn ogen en hoop dat hij het heeft begrepen.

# Auditie

Het is vroeg. Ik draai me nog een keer om en sluit mijn ogen.

'Opstaan,' mompel ik tegen mezelf. 'Opstaan, nu!'

Mijn lijf wil niet. Het is slap en loom en wil alleen maar slapen. Ik leg mijn hand op mijn voorhoofd. Ik duw tegen mijn schedel.

'Eruit. Eruit. Je komt te laat!'

Ik kom langzaam overeind, zet mijn blote voeten op de koude vloer. Ik slof naar de badkamer en schrik van mijn opgezwollen gezicht in de spiegel. Ik laat het bad vollopen. Douchen kan ik 's ochtends niet aan. In de keuken probeer ik een hap te nemen van een appel. Die smaakt smerig, zuur. Ik leg hem terug in de fruitmand. Ik schuifel naar mijn bureau en zoek de tekst tussen een stapel papier. Op een stoel probeer ik me te concentreren op de woorden. Het gaat niet. Ik loop naar de badkamer, trek mijn pyjamabroek uit en ga zitten in het hete water. Ik was mijn haar en scheer mijn benen. Ik duw mezelf omhoog en pak een handdoek. Ik droog me af en ga voor de spiegel staan en trek een jurk aan. Niet goed. Trek een broek aan. Te stoer. Trek een rokje aan. Te sexy. Trek een groene trui aan met spijkerbroek. Ja. Kan. Is wel oké. Ik pak de tekst en fluister de zinnen. In de spiegel begin ik met schilderen: rode lippen. Camouflage. Oogschaduw. Dikke laag mascara. Rouge. Poeder. Ik föhn mijn haar en kneed er schuim, mousse en antipluis in. Ik sla met mijn hand op mijn wangen. Wakker worden. Ik pak de appel weer uit de fruitmand en dwing mezelf om te eten. Ik kokhals, pak mijn tandenborstel en poets. Steek een sigaret op, staar uit het raam en begin de zenuwen te voelen in mijn buik. Ik trek mijn jas aan en loop de trap af. Op de fiets oefen ik de woorden hardop. Mensen kijken om. Denken dat ik gek ben. Kan me niet schelen. Ben ik gewend. Ik zet mijn fiets vast en loop naar binnen.

Ik word vriendelijk gegroet en ga in de wachtkamer zitten. Ik kus de andere wachtende meisjes. We babbelen wat over niks en roken gespannen een sigaret. We overhoren elkaar en zeggen 'Succes, hè!' als iemand wordt opgeroepen. Na een kwartier is het mijn beurt. Ik ben wakker. Heb make-up op, de juiste kleren aan, ken mijn tekst, meer kan ik niet doen. 'Hallo.' Ik lach vriendelijk en speel de scène.

Ik word bedankt en loop naar buiten. Ik fiets naar huis en besluit voor de zestigste keer dat ik me ga laten omscholen tot boer, of schaatser of allebei.

# Feeks

Het is een vreemd stuk. Daar zijn we het allemaal over eens. Een vrouw doet een beetje opstandig en wordt vervolgens een uur lang gepest en vernederd tot ze getemd is en gehoorzaam haar hand onder de voet van de man legt. Wat moet je daar nou mee, anno nu?

Ivo van Hove, onze vaste regisseur en artistiek leider van Toneelgroep Amsterdam, weet er raad mee. Zoals hij altijd met elk stuk raad weet. Hij houdt een vlammend betoog over sadomasochistische liefde, carnaval en Amsterdam op Koninginnedag. Als je wil weten wat dat in godsnaam met elkaar te maken heeft, moet je zeker komen kijken vanaf 8 mei in een van de schouwburgen waar we *Het temmen van de feeks* spelen.

Ik kan mijn lol niet op in het repetitielokaal. Nu de zenuwen van de eerste dag verdwenen zijn, fiets ik elke dag vrolijk jodelend naar de Prinsengracht om mij als Katharina over te geven aan de grillen van Hans Kesting, die Petruchio speelt, de man die mij wil temmen.

Katharina de feeks heeft een vervelend zusje (gespeeld door Karina Smulders) dat de braafste van de klas denkt te zijn en het bloed onder Katharina's nagels vandaan haalt. Ik doe er alles aan om haar zoete glimlach te laten verdwijnen en heb bij de rekwisiteur de belachelijkste dingen besteld om haar mee te martelen: meel, chips en dubbelzijdig sm-tape. Ik wist niet eens dat dat bestond, dubbelzijdig sm-tape. Ik vroeg: 'Hebben we iets waarmee ik haar vast kan tapen zonder dat we daarbij ongewild haar lichaam harsen?' De volgende dag kwam hij trots met een speciaal soort plakband aanzetten dat alleen plakt aan zichzelf, zodat je je slachtoffer dus niet verwondt.

We gieren het uit. We zijn allebei nogal vreemdsoortige actrices die zichzelf in de eerste repetitieweek het liefst meteen huilend en schreeuwend in een scène storten, alsof de première diezelfde avond nog gespeeld moet worden. Niet altijd even handig. Want je raakt meteen je stem kwijt en verschiet veel te snel al je kruid. Of je ligt na twee dagen repeteren emotioneel én lichamelijk volledig uitgeput in bed. Of je breekt een been omdat je te woest en te impulsief te werk gaat. Maar dat mag de pret vooralsnog niet drukken. Ik bind haar vast en kieper een fles koud water over haar heen. Ik loop weg. Ik ga op een stoel zitten en rook langzaam een sigaret. Als Ivo onderbreekt, vraagt Karina bibberend: 'Maar is het niet leuk als ze nu met een elektrische zaag of een bijl opkomt?'

Hij lacht en zegt dat ze zich eerst moet gaan afdrogen, maar daar wil ze niets van weten. 'Nee, nog een keer! Ik heb het niet koud!'

Als we om vier uur klaar zijn, rennen we met vieze haren vol stukjes chips en meel naar de kroeg op de hoek. Net twee schoolmeisjes die kattenkwaad hebben uitgehaald. We kijken elkaar aan en bestellen twee cola light.

'Op het leukste vak dat er bestaat!' gilt ze. Ik hef mijn glas en hoop in stilte dat we heelhuids de première halen.

# Vrienden

Ik vind het prettig om veel mensen om me heen te hebben. Drukte. Chaos. Warmte. Lawaai. Ik vind het fijn als er iemand in de keuken staat te bakken en te braden, iemand anders dekt de tafel. Ergens in een hoek zit iemand op de grond en zet cd'tjes op. De bel gaat. Iemand rent naar de deur en komt terug met twee nieuwe mensen. Een ander vraagt wat iedereen wil drinken en weer een ander lacht om grappen van de een die roept dat hij of zij berenhonger heeft en wanneer die twee nou eens klaar zijn met koken. Ik ken heel veel mensen. Een klein aantal noem ik vriend. Toch heb ik al mijn kennissen lief en vind ik het heerlijk om met ze te praten, te eten, te werken. Ze zijn bijna allemaal acteur, regisseur of producent en/of casting director. Soms is dat gek. Soms droom ik dat mijn huiskamer gevuld is met tandartsen, timmermannen, kleuterleidsters en priesters. Soms fantaseer ik over indringende gesprekken met loodgieters of een avond wild dansen met een conducteur. Toen ik klein was, kwamen er bij ons thuis ook altijd 'artistiekelingen' over de vloer. Kunstenaars, schrijvers, galeriehouders, toneelspelers. Ik ben nooit echt in aanraking gekomen met mannen of vrouwen die genoeg hadden aan de werkelijkheid, die het niet noodzakelijk vonden haar middels kunst, boeken of het toneel voortdurend te ontvluchten. De mensen met wie ik mijn hele leven al omga, zijn de meesters van het ALSOF. Alles kan. Alles mag. Grenzeloos. Veel. Fantasierijk. Verwarrend.

Ik heb me laatst voorgenomen een principiële boekhouder te zoeken die mijn beste vriend wil zijn. Lijkt me heel gezond. Lekker duidelijk en aards. Kunnen we samen op zondag lunchen, praten dan wat over cijfers en wetten en regels. Over iets anders dan onszelf of Het Vak.

Afgelopen maandag was ik op de première van de serie *De kroon* van de VPRO. Een prachtige verfilming van de toestand rond het huwelijk van Máxima. Na de viewing werd het een gezellige boel in bioscoop Het Ketelhuis. Veel vrienden en bekenden, drank en hapjes. Precies zoals ik het prettig vind: ongedwongen chaos, vertrouwd terrein. Bastiaan Ragas was er ook omdat zijn broer Roef de rol van Alexander speelde. We raakten in gesprek. Hij vertelde iets over zijn jeugd en zei toen: 'Jij bent toch zo'n hippiekind? Jij bent toch opgegroeid in een wigwam en Alex van Warmerdam was toch jullie postbode?'

Dat vond ik nogal goed getroffen. Zo was het precies. We woonden in een wigwam en Alex bracht de post.

Toen ik naar huis fietste, besloot ik een hobby te nemen. Iets als postzegels of munten verzamelen, of bloemschikken. Dan ga ik naar van die ruilbeurzen of andere feestelijke samenkomsten en daar ontmoet ik dan allemaal normale mensen die in gewone, stenen huizen wonen, van negen tot vijf werken en die niet weten wie hun postbode is.

# Streep erdoor

Onrustig woel ik mijn lakens van mijn lijf, draai me nog een keer om. Op mijn buik, op mijn zij, op mijn rug. Schud mijn kussen op. Nee, het lukt niet meer. Ik kijk naar de wekker: halfzeven.

'Verdomme, slaap!' fluister ik tegen mezelf. Mijn buik rommelt, m'n hoofd tolt. Flarden tekst schieten door mijn hoofd, beelden van mensen die dingen aan mij vragen, journalisten, regisseurs, collega's, mijn vriendje.

Mijn neus zit dicht. Ik adem zwaar. Keuzes. Heb ik er nou goed aan gedaan om die tv-serie af te zeggen? Al dat geld. En het was toch ook leuk geweest? Jezus. Waarom twijfel ik altijd over alles? Moet ik niet bellen met iemand over iets?

Halfzeven. Zesenhalf uur geslapen, red ik het daarmee vandaag? Belangrijke dag, lastige repetitie. Mijn verstandskies brandt achter in mijn mond. Kaakchirurg, afspraak maken. Niet vergeten. Ik sta op. Loop naar de wc, plas, trek door, kijk in de spiegel. Ga weer in mijn bed liggen. Sluit mijn ogen. Shit. Ik kom overeind, grijp naar mijn telefoon, stuur mijn vriendin een sms'je. Hoop dat ik haar niet wakker heb gepiept.

'Ontspan, ontspan,' mompel ik. Mijn stem klinkt schor. Ook dat nog. Niet te hard schreeuwen vandaag, prent ik mezelf in. In de keuken vind ik een sigaret. Geen aansteker te bekennen. Ik draai aan de knoppen van het gasfornuis, zuig de rook diep op in mijn longen, hoest, staar naar buiten. Een dikke vrouw fietst voorbij. Waar gaat ze naartoe?

Ik maak thee, zet mijn computer aan, lees mijn mailtjes. Niets dringt door. Ik probeer mijn hoofd te ontruimen, grote schoonmaak, mijn hersens zitten in de knoop. Ik douche. Het warme water stroomt over mijn naakte lichaam. Ik droog me af, smeer wat crème op mijn gezicht, wrijf over mijn slapen. Op het aanrecht ligt een banaan, ik dwing mezelf te eten. Mijn vingers trommelen ongeduldig op het tafelblad. Ik sla een tijdschrift open, foto's zijn vlekken, woorden vormen geen zinnen.

Ik borstel mijn haar. Er zitten klitten in. Ik denk aan Los Angeles, aan de stilte van het balkon op Beachwood Drive. Aan alle goede voornemens. Nee zeggen. Rust. Bij mezelf blijven. Niet meer op die sneltrein, niet meer doorrazen, niet meer laten leven maar eigen motor zijn, zelfstandig, kalm, doordacht, evenwichtig. Ik staar naar mijn agenda, de bladzijdes zijn volgeschreven. Ik schud mijn hoofd. Met een dikke zwarte stift zet ik een kruis door alle afspraken. Ik kras de hele week door. Niets meer van te lezen. Zo.

Ik steek nog maar een sigaret op. Het is koud in mijn huis. Mei, het zou toch bijna zomer moeten zijn? Ik zie mezelf loom over Sunset Boulevard wandelen, grote zonnebril, kort rokje, slippers aan. Niets te doen. Prettige verveling.

Met één beweging schuif ik een stapel scripts van de tafel af. Ze kletteren op de grond. Tevreden kijk ik naar de puinhoop op de vloer. Fuck alles en iedereen. Tel je zegeningen. Ik kijk naar mijn spiegelbeeld in het raam. 'Verwend kreng,' zeg ik tegen haar.

# Crisisje

Omdat mijn vriend en ik na zes jaar besluiten uit elkaar te gaan, moet ik mijn poes Prinsesje met een reismand komen halen. Ook alle kleren, crèmes, papieren, foto's, boeken, scripts, make-up en dvd's die ik in de loop der jaren bij hem heb verzameld, moeten in vuilniszakken gepropt en mee naar mijn huis in de Pijp.

Ik heb geen tuin. Ik heb geen balkon, niet eens een relinkje met openslaande deuren, dus de poes zal niet naar buiten kunnen. Onwennig trippelt ze rond in mijn bovenwoning. Als ik enthousiast mijn vrienden Alex en Annet bel om te vertellen dat Prinsesje goed is aangekomen, zegt Alex dat ik per direct een tweede poes moet kopen omdat het anders zielig en eenzaam is voor de eerste. 'Maar ik heb amper ruimte voor één,' stribbel ik tegen.

'Eén of twee, dat maakt niks uit: evenveel werk, evenveel gedoe, maar voor de katten in kwestie is het een stuk gezelliger.'

'Waar koop je dan een jonge poes?'

'Op Marktplaats.nl.'

Ik vertrouw internet niet en besluit naar een gewone dierenwinkel te gaan. Als ik over de drempel stap, klinkt er een vrolijk belletje. 'Een kat graag,' zeg ik tegen de blonde vrouw achter de toonbank. 'Het liefst een met lang haar want dat staat zo leuk.'

De vrouw knikt vriendelijk alsof het heel normaal is allemaal, ze loopt naar achter, opent een hok en houdt een bolletje wol omhoog. 'Het is een Pers, dus wel iets duurder.'

Ik staar naar het gewriemel in haar hand. 'Prima, pakt u maar in.'

De reismand van Prinsesje staat al klaar en de vriendelijke verkoopster legt het pluizige hoopje voorzichtig op de bodem. 'Over drie weken moet-ie ingeënt en het is een mannetje, dus voorzichtig met de dames.'

'Natuurlijk,' mompel ik. Ik loop met de reistas naar mijn fiets. Onderweg begint het beestje zachtjes te piepen en ik betwijfel ineens of dit nu wel zo'n goed idee was. Ik til de mand naar boven en zet 'm op tafel. Prinsesje ligt op de bank. Ze kijkt achterdochtig naar me terwijl ik het hekje openzet. Het kleine katje rent naar buiten, volle kracht vooruit, bijna valt hij maar ik vang hem op. De staart van Prinsesje zwelt, ze bolt haar rug en blaast naar het onschuldige diertje dat trillend in mijn handen ligt. 'Ssst,' zeg ik en probeer ze beide te kalmeren. 'Jullie moeten vríenden worden, jongens, ik heb echt geen zin in nog meer crisis in mijn leven. Alsjeblieft, werk een beetje mee allebei!'

Ik zet de baby op de grond en hoop dat Prinsesje spontaan moedergevoelens zal krijgen. De poezen dralen wat om elkaar heen, ze ruiken, piepen, tasten af. 'Hoe zullen we jou nou eens noemen?' vraag ik me hardop af. 'Pietje of Hamlet, Sjonnie, Daan, Kip, Muis, Minoes?' Ik schud mijn hoofd. 'Prinsje?' Nee, te afgezaagd. 'Crisisje. Dat is een goede naam voor jou.'

# Tante An en ome Ger

Met mijn vader reisde ik op vrijdagavond na schooltijd van Groningen naar Alkmaar. Dat vond ik een enorme afstand. Mama gaf ons bolletjes met kaas mee voor onderweg en een beker appeldiksap. In de trein zitten op zich was al een groot avontuur. Mijn hoofd ontplofte bijna van gespannen verwachtingen.

Tante An en ome Ger woonden in de Wollebrandstraat en hadden in Bergen een houten huisje aan het strand. We zouden worsten bakken en naar de kaasmarkt gaan en met de poppen spelen die mijn tante zelf maakte. Bovendien had ik mijn vader helemaal voor mij alleen. Even weg van de schreeuwende zusjes. Die bleven achter bij mama in Wildervank. Papa zou me van alles vertellen over vroeger, over hoe zijn zuster en hij opgroeiden in een groot gezin met twaalf kinderen, over de oorlog, over mijn opa die maar één arm had en die overleed toen hij van zijn fiets viel.

Nu ben ik bijna dertig. Alkmaar is vlakbij met de trein. Mijn vader is dood en tante An en oom Ger zie ik bijna nooit. Tijdens mijn tienerjaren waren ze een veilige haven voor mij en mijn drie zusjes, toen we na het overlijden van papa naarstig naar vaste grond zochten.

Zondag viert An haar tachtigste verjaardag en ik kan er niet bij zijn omdat ik moet draaien. Om haar toch te kunnen feliciteren, stap ik vrijdagmiddag in de trein. Ik staar naar buiten en denk aan alles wat geweest is, ik denk aan ouder worden, aan sterven, aan die weekenden op het strand. Ik denk aan oom Ger die mij altijd op schoot nam en voorlas, aan de aardappel-prei-taart die we aten, aan de plakboeken die ze bijhielden, aan de schilderijen van mijn vader. En ik probeer te begrijpen waarom ik weinig tijd maak voor twee mensen die me zo lief zijn en die enorm veel voor me hebben betekend.

Op het perron staat oom Ger met zijn pet op te wachten. We lopen langs het water naar hun straat, onder het poortje door, de tuin in. Mijn nichtje Alice opent haar armen, ik laat mijn lichaam het hare raken, we kussen elkaar hartelijk. Tante An lacht, ik ren naar haar toe en til haar een stukje van de grond. Ze slaakt een gilletje. Ik druk een bos pioenrozen in haar handen. We zitten op stoelen in de tuin en praten over de familie, halen herinneringen op en drinken limonade.

'Wat fijn om je eindelijk te zien,' zucht tante An.

Ik knik. Ik loop naar het huis, ik leg mijn hand op de warme bakstenen.

'Ik beloof het, ik zal vaker komen,' fluister ik tegen de muren die veel te lang getuige zijn geweest van mijn afwezigheid.

# Tante

Ze is er. Kate. We hebben heel lang moeten wachten. Leonora's buik plofte bijna uit elkaar, maar nu is dat voorbij, want Kate heeft zich een weg naar buiten weten te banen en ligt in een plastic bakje te slapen. Zusters drentelen heen en weer. Zusters vullen flessen en drukken op knoppen. Zusters zeggen dat ik haar niet mag aanraken omdat ze moet slapen. 'Maar het is onze baby,' fluister ik verontwaardigd.

'Zeker, maar ze heeft rust nodig, rust en regelmaat.'

'O.'

Ik aai het voorhoofd van de moeder die met verliefde ogen naar het kleine mensje staart.

'Ik wil naar huis,' zegt ze. 'Naar huis met mijn dochter.'

Ik knik en rijd haar terug naar haar ziekenhuisbed waarboven tientallen roze kaarten hangen met vrolijke tekeningen en bloemen erop.

'Ze is mooi, ze is perfect, ze is gezond, ze is van jou,' brabbel ik, terwijl ik een glas met water vul. Leonora's gezicht is zacht en jong. Haar lippen zijn gezwollen, haar ogen een beetje sloom. Ik kijk naar mijn zus die eruitziet als een klein meisje, maar toch moeder is.

'Mama,' mompel ik en zet het water naast haar bed.

Ze drinkt het op en belt haar man.

Duncan vertelt dat ze morgen mogen gaan. Hij heeft de arts gesproken en is er bijna zeker van, de aftocht kan geblazen worden. Ik begin de kaarten van de muur te halen, stop knuffelbeesten in een tas en zeg mijn zus dat ze lekker moet gaan slapen.

'Nog een nachtje en dan zit je in je eigen tuin.'

Ze kijkt niet maar mij, ze ziet alleen het videoscherm dat boven haar bed hangt. De camera boven Kates plastic bak filmt elke beweging. Als een leeuwin houdt mijn zus Kates kleine lijf in de gaten. 'Mooi, hè?' vraagt ze.

'Heel mooi,' antwoord ik en sluit de deur. Ik loop de trap af naar de hal, groet de receptioniste en bel een taxi.

'Ik ben tante!' roep ik naar mijn buurman, die breed grijnst en zijn duim opsteekt.

Thuis maak ik een lijst van alles wat ik wil zijn voor Kate.

Haar heldin.

Haar idool.

Haar lieveling.

Haar alles.

Ik leg het papier onder een stapel boeken en prent mezelf in toch vooral bescheiden te zijn. De volgende dag krijg ik beschuit met muisjes. Mijn zus en haar man wonen in het mooiste huis van de Jordaan. Ze hebben alles wat ik niet heb. Mijn hand schommelt het wiegje zachtjes heen en weer. Ik bestudeer het nieuwe familielid en denk aan Kates opa. Jammer dat hij in de hemel zit. Misschien kan hij daarvandaan beter kijken, heeft hij echt goed overzicht. Ik hoop dat hij grinnikt en trots is. Dat hij zegt: 'Goed gedaan, Lee. Het kostte wat moeite, maar nu is ze er, onze nieuwe dochter, onze hoop, ons kleine meisje.'

# Roodkapje

Agenten, familieleden, collega's: eindeloos hebben ze me gewaarschuwd. 'Pas op voor journalisten, het is onbetrouwbaar volk!' Ik heb me daar zelden iets van aangetrokken. Ja, die ene keer misschien, toen ik gevraagd werd interviews te geven omdat ik net uit Hollywood kwam. Mijn koffer stond nog onuitgepakt in de slaapkamer en ik wist dat ik niet moest praten over zaken waar mensen allerlei fantasieën over hadden. Maar zo veel maanden later ben ik weer mijn oude zelf. De loutering van niet werken, het ontdekken van schrijven, de lome wandelingen over Sunset Boulevard, de levensinzichten… Het ligt allemaal ver achter me. Ik race weer rond op mijn oude fiets, hobbel over de grachten, neem mijn eeuwig rinkelende telefoon op met een gehaast en kortaf: 'Ja?' Ook het ego bloeit weer als een jaar geleden.

*Nieuwe Revu* belt. 'We willen je graag een paar dagen volgen, en we willen je interviewen over je boek, *De feeks* en je films.'

Wat een aardige man, denk ik. Hij lijkt alles te weten over mijn werk en heeft bijna alle voorstellingen gezien.

Vroeger verslonden mijn zus en ik bladen als *Nieuwe Revu*. Onder onze kussens lagen de verboden tijdschriften te wachten tot we naar bed gingen. Het licht bleef uit; met zaklampen schenen we op de letters. We smulden van de banale verhalen.

'Dat is prima,' zeg ik tegen de meneer. 'Laten we een afspraak maken.'

Op een terras biedt hij mij een cola light aan.

'Dat vind jij toch lekker?' Ik glimlach naar hem en zeg: 'Steek maar van wal.'

Het is geen vraaggesprek, maar een kabbelend praten. Rustig, vertrouwd als met een oude vriend. Een paar dagen later rijdt hij mee met de bus naar Rotterdam, waar wij *De feeks* spelen. Ook is hij een dag op de set van *Ik omhels je met duizend armen*.

Hij heeft nooit een bandrecorder bij zich, maar schrijft alles op een blocnote. Als ik hem vraag of hij het wel netjes en discreet houdt, knikt hij heftig met zijn hoofd.

'Natuurlijk! Jij laat me binnen in je wereld en stelt je kwetsbaar op. Daar maak ik geen misbruik van.' Bijna voel ik me schuldig dat ik aan hem twijfelde.

Een week later mailt hij me het artikel. Ik lees het uiteindelijk om een uur of twee 's nachts in een hotel op Ibiza, waar ik verblijf voor *Ik omhels je met duizend armen*. De deadline om correcties op het artikel door te geven is al verstreken, maar met rode wangen typ ik toch een brief. Te laat.

Niet één van mijn correcties wordt doorgevoerd. Woensdag begint mijn telefoon te piepen. Boze vrienden, geschokte moeder, wanhopige agent. Dit is dus zo'n journalist, denk ik: de wolf, de bloedzuiger, de leugenaar. Het is het cliché van de naïeve actrice die geschokt pagina's uit een hongerig mannenblad scheurt. Zelden heb ik me zo geschaamd. Eigen schuld, dikke bult. Ik kán je aanraden om nooit met hem te praten. Maar ja, Roodkapje dacht ook dat de wolf haar lieve grootmoeder was.

# Rood

Laat ik het nu maar eens over mijn haar hebben. De voorpagina's staan vol nieuws over Israël, Irak en Londen, maar ik beken dat ik gisteren met niet veel anders bezig was dan met mijn haar.

Winnie Gallis, de uiterst bekwame visagiste van de film *Zwartboek*, heeft besloten dat het mooi zou zijn als Ronnie (de vrouw die ik speel) rood haar heeft. Nadat ik verschillende pruiken heb gepast en blijf volhouden dat ze lelijk staan, wordt me meegedeeld dat er niets anders op zit dan mijn haar te bleken en daarna te verven. Gespannen verlaat ik Winnies huis en neem nog een paar foto's van mezelf, ten afscheid.

Een paar dagen later staat Pieter, de kapper van Linda de Mol, in Winnies keuken klaar met een kommetje blauwe vloeistof en een kwast. Ik ga op een stoel zitten, rook tien sigaretten tegelijk en wacht ongeduldig af. Het spul stinkt en brandt op mijn hoofdhuid. Pieter stelt me met kalme stem vragen. Ik babbel in hysterisch tempo over mijn boek, mijn nieuwe nichtje, mijn ex en regisseur Paul Verhoeven. Na een tijdje zegt Pieter alleen nog af en toe 'Ja?' en 'Och, echt?' Tot ik hijgend stilval en vraag of ik al mag spoelen. Dat mag.

Het blauw stroomt in de wasbak. Mijn hoofdhuid kalmeert van het koele water. Ik word afgedroogd en voor een spiegel gezet. Ik schrik. Mijn haar is blond, mijn ogen lijken gitzwart en mijn wenkbrauwen waren nog nooit zo donker als nu.

'We zijn nog niet klaar,' zegt Pieter rustig.

Carice belt om te zeggen dat ze eraan komt. Ook zij moet geverfd, dus kunnen we elkaar steunen.

Pieter brengt rode verf aan terwijl ik me te goed doe aan de enorme hoeveelheden brood met worst die Winnie op tafel heeft gezet. Een uur later föhnt hij me droog.

'Mag ik er krullen in?' piep ik, in de hoop dat het resultaat dan wat verteerbaarder zal zijn.

Pieter knikt, en bleekt mijn wenkbrauwen.

Dan wordt me gevraagd om naar de spiegel te lopen. Angstig ga ik de slaapkamer in, leg mijn hand over mijn ogen en spiek tussen twee vingers door. Het meisje met het rode haar. Ik herken mezelf niet. 'Mooi,' glimlach ik. Maar vanbinnen schreeuw ik: ik moet bruin haarrrrr, dit ben ik nietttt!

Carice komt binnen, werpt een blik op mij, grijnst haar tanden bloot en zegt dat het prachtig is.

Ik weet wel beter. Maar Winnie is zeer tevreden, en ik moet toegeven: Pieter heeft het knap gedaan. Het ziet er niet onnatuurlijk uit.

Om halfdrie verlaten we het pand. Ik zet een pet op omdat ik niet weet wat ik aan moet met dit nieuwe uiterlijk. Wie is deze vrouw? Hoe gedraagt ze zich?

In de sigarettenwinkel ziet de verkoopster het meteen. 'Heb je je haar geverfd?'

Ik knik en zet mijn pet af.

'Goed man, je lijkt wel tien jaar jonger.'

Ik buig me over de toonbank en kus haar. 'Echt?'

'Nu ben je Annie,' zegt ze.

Ik lach dankbaar en loop naar buiten, zonder pet.

# Bevrijd

De bevrijding. Er staan 1070 figuranten op een rij te wachten voor een enorme tent. Carice en ik rijden slaperig voorbij. Bij de make-upbus worden we afgezet. Winnie en Dick staan klaar met kwasten en verf om onze wallen te camoufleren en onze pukkels weg te werken. Ik staar naar een velletje papier waar de teksten op staan die ik vandaag moet uitspreken. Carice gaapt. Ik vraag om cola light, daar kun je niet vroeg genoeg mee beginnen.

'Jezus, cola om halfacht 's ochtends?' murmelt de assistente. Ik knik en ze verlaat de bus om even later terug te komen met versgeperst sinaasappelsap. Ze wil blijkbaar liever dat wij iets gezonds nemen in plaats van die bruine troep.

Paul Verhoeven, de regisseur van *Zwartboek*, loopt binnen en neemt het een en ander met ons door. Van alle kanten wordt er gewaarschuwd dat het een lange, zware dag zal worden met ingewikkelde shots en veel pers en crew.

Ik ben nog steeds niet wakker en de warme handen van Dicky op mijn gezicht helpen me niet om helder te worden. Mijn haar wordt in krullers gedraaid. Terwijl ik in de spiegel naar mijn verfrommelde hoofd staar, denk ik aan jaren geleden, toen Den Haag daadwerkelijk werd bevrijd. Ik vraag me af of de oude meneer die net in die veel te lange rij stond, zich dat nog herinnert.

Als we gekapt en gegrimeerd zijn, lopen we naar de set. De decormensen hebben de Javastraat teruggebracht naar hoe hij er zestig jaar geleden uitzag. Complete voorgevels zijn vervangen, etalageruiten geschilderd, straatborden weggehaald en stoplichten uit de grond getrokken. Niets wijst er nog op dat hier moderne mensen wonen in de 21ste eeuw. Het leger is uitgerukt om met tientallen tanks door de straat te rijden. De honderden figuranten hebben zich in ouderwetse kostuums gestoken en staan met oranje vlaggen in hun handen en feestelijke hoeden op hun hoofd te bibberen van de kou. Maar op 5 mei 1945 was het mooi weer, dus ze moeten doen alsof het aangenaam vertoeven is in een lentezon.

Ik word op een jeep getild, waar ik voor het eerst de hand schud van de acteur die mijn Canadese vriendje speelt. We moeten zoenend en dolgelukkig meerijden in de optocht. Ik heb toch een raar vak: ik ken die jongen niet, groet hem beleefd en zal een paar minuten later als vanzelfsprekend mijn tong in zijn mond steken.

Na allerlei technisch geneuzel wordt eindelijk het startsein gegeven. De stoet komt langzaam in beweging, figuranten joelen en schreeuwen, soldaten zwaaien en gooien chocoladerepen naar de omstanders. Het is net echt. Ik word er een beetje hysterisch van. Ik wapper overdreven met mijn handen en maai woest met mijn armen door de lucht. We zijn bevrijd. Wat een geluk. Wat een zegen.

Om halfzes zijn we klaar. Paul is tevreden. Hij heeft met drie camera's gedraaid dus er is een grote hoeveelheid shots opgenomen. Als ik terugloop naar de caravan, zie ik de oude man weer. Hij heeft een stok en wandelt langzaam het terrein af. Ik glimlach naar hem. Hij kijkt op en zegt: 'Toch vreemd dat dat kan. Dat dat nagebootst kan worden. Toch vreemd.'

Ik knik, doe de deur open en haal de make-up van mijn gezicht.

# Speeltuin

Ivo van Hove, de directeur van Toneelgroep Amsterdam, heeft ons vaste acteursensemble uitgebreid met een aantal nieuwe gezichten, namelijk: Fedja, Jacob, Hadewych, Chris, Frieda en nog een aantal anderen. Allemaal hebben ze een contract getekend bij Nederlands grootste theatergezelschap.

Als je elke dag met elkaar repeteert, speelt, vergadert en in de kroeg hangt, ontstaat het gevoel dat collega's de meest belangrijke personen in je leven zijn. Dat zíj de mensen zijn met wie je het meeste deelt, in plaats van je vriend, moeder, vriendin of zus. Langzaam, bijna ongemerkt, raak je steeds dieper betrokken bij de levens van je medespelers. Je vindt troost bij de één, bekent je diepste geheim aan de ander en neemt de dingen van alledag door met je tegenspeler die in de gang staat te wachten op zijn functioneringsgesprek. In de coulissen wordt druk gespeculeerd over K. en R.; hebben ze nou wel of niet staan zoenen gisteravond? Is H. nou echt met een 20 jaar oudere man? En waarom vergeet M. al dagen haar tekst bij die ene belangrijke scène? Omdat wij op het toneel, nog voor wij elkaar echt hebben leren kennen, de grootste emoties delen en fysiek contact niet uit de weg gaan, lijken onze hersens signalen af te geven aan ons hart. Signalen die ons het idee geven dat we al jaren vrienden zijn. Zo creëren we een intimiteit met elkaar die heftig, haastig en zonder geschiedenis is. Nu we met een nog groter aantal zijn, 22 mensen in totaal, klinken onze stemmen steeds luider en moet ik toegeven dat ik soms glimlachend afstand neem. Ik heb het gevoel alsof ik in een groot weeshuis terecht ben gekomen. Er wordt

gretig geknuffeld, geschreeuwd, geroddeld, gedeeld, gekust en ge-
ruzied. Met volle teugen geniet ik van deze 'gezinsvervangende
therapie'. We halen in waar we in onze jeugd gebrek aan hadden,
laven ons aan verschillende biografieën, kijken voortdurend in
spiegels en spelen afwisselend de rol van dochter, verpleegster,
minnaar, leraar, moeder, pupil en maatje voor elkaar.

In zo'n situatie moet je oppassen om het contact met je pri-
véomgeving niet te verliezen. Als je 's avonds thuiskomt, is je behoefte aan elke vorm van intimiteit meer dan bevredigd. Je hebt
aangeraakt, gepraat, gediscussieerd en verweten, liefgehad en geluisterd. Soms moet ik mezelf dwingen om de telefoon te pakken
en mijn lieve moeder te bellen om te vragen hoe het met haar
gaat, wat zij heeft beleefd en meegemaakt. Toch is het uiteindelijk
louterend even te spreken met de buitenwereld, te relativeren en
gehoord te worden door iemand die me echt al lang en goed
kent, om de volgende dag weer vol energie te verdwijnen tussen
mijn broertjes en zusjes, op te gaan in het kippenhok; de veilige,
warme speeltuin die Toneelgroep Amsterdam heet.

# Boekpresentatie

Nerveus zitten Karina en ik naast elkaar in de taxi. Over een half-uur is het zover, dan zal de rotonde van de schouwburg vollopen en *Prinsesje Nooitgenoeg* gepresenteerd worden aan vrienden, pers en collega's. Ik staar naar het verkreukelde papiertje, waarop ik wat steekwoorden heb geschreven voor mijn speech. Mijn maag maakt rare geluiden. Als ik íets verschrikkelijk vind, is het spreken in het openbaar terwijl ik geen personage speel. De taxi-chauffeur stopt en onhandig hijs ik mezelf met lange jurk en te hoge hakken uit de auto. Anne, de assistent van mijn agent, staat ons op te wachten voor de ingang. We snellen naar binnen en zien dat mijn moeder, tante, zus en oom het idee hebben opgevat om een uur te vroeg aanwezig te zijn. Ik zie dat mijn moeder nog zenuwachtiger is dan ik, en om haar gerust te stellen, wil ik haar over haar rug aaien. Maar mijn vingers trillen en mijn oren sui-zen. Ik grijp Jeroen, mijn agent, bij z'n jasje en vraag of we even apart kunnen zitten. Met een sigaret en een cola light in de hand daalt mijn hartslag. We nemen de zaken nog een keer door en kijken naar de schuifdeuren, waardoor nu druppelsgewijs men-sen naar binnen lopen. Mijn uitgever knikt blij en schudt en-thousiast handen. Ik heb het gevoel alsof ik jarig ben en pluk angstig aan mijn feestjurk, terwijl ik binnensmonds de mensen tel: zullen het er genoeg zijn?

Na een uur staan er ruim tweehonderd mensen te praten en te drinken. Mai (Spijkers, de uitgever) loopt naar voren en maant iedereen tot stilte. Hij zegt van alles; later hoor ik dat hij een prachtige toespraak heeft gehouden, maar ik versta het niet en probeer mijn linkervuist, die het briefje met kracht omklemt, open te vouwen. Dan hoor ik mijn naam, ik schiet wakker en ren naar de katheder. Mijn benen trillen, maar gelukkig kan niemand dat zien. Ik dwing mezelf om langzaam en duidelijk te spreken. Af en toe kijk ik iemand in de ogen, om te zien of dat wat ik zeg, wel aankomt. Eerder dan ik had verwacht, klinkt een warm applaus. Ik ben blijkbaar klaar en leg het boek versuft in de handen van Connie Palmen; mijn begeleidster, mijn heldin. Ze neemt het over en begint te spreken. Over dat ik 'actrice' altijd met een s schreef en dat ze dat ontroerend vond, iemand die haar eigen beroep niet kan spellen. Ik moet lachen en voel me vrolijk vanbinnen terwijl ik naar haar luister. Dan is het voorbij. De mensen rennen naar de tafel waar ze het boek kunnen kopen. Ik buk om een sigaret uit mijn tasje te halen en plotseling hoor ik een raar geluid. Ik til de achterkant van mijn jurk op en zie een enorme scheur in de fragiele stof. 'Kut,' vloek ik zachtjes en denk aan de ontwerper Percy Irausquin, van wie ik de jurk heb geleend. 'Kut, een scheur…' Ik kijk naar een exemplaar van mijn boek, dat in mijn handen ligt. Ik kijk naar de jurk. Ik lach om mezelf en om deze avond. Ik ben trots en schaam me, alles tegelijk.

# Wedergeboorte

Over een tijdje begin ik met de opnames van *Blind*, een film geregisseerd en geschreven door actrice Tamar van den Dop. Ik speel daarin een meisje (vrouw) met een afwijkend uiterlijk. Ik mag er geloof ik nog niet te veel over zeggen, want dat wordt tegenwoordig allemaal van boven af bepaald door marketingmanagers die zorgvuldig bepalen hoe ze de film aan het publiek gaan verkopen. Ter voorbereiding op de rol was het noodzakelijk dat mijn gezicht en schouders afgegoten zouden worden in gips om er vervolgens een soort wassen pop van te maken, zodat de special-effectsman allerlei zaken op mijn 'evenbeeld' kon uitproberen, zonder dat ik uren model hoefde te staan.

Op een zonnige dinsdag vertrok ik met de producente naar Rotterdam. Ik had niet echt nagedacht over wat me te wachten stond. Vijf jaar geleden moest ik al eens naar dezelfde plek om mijn torso af te laten gieten voor een tv-film van Paula van der Oest waarin mijn borsten werden afgesneden. Destijds vond ik dat geen probleem. Ik moest op een tafel gaan liggen en liet een aantal jongens hun werk doen terwijl ik me ontspande en genoot van het feit dat ik even niets kon of hoefde. Zo veel jaar later liep ik dus opnieuw het gebouw in en schudde de hand van een van dezelfde mannen die me toen ook 'geholpen' hadden. De man had een groot stuk plastic uitgerold en begon instructies te geven aan de make-updame en de producent: 'Als we straks beginnen, wil ik dat iedereen zijn mond houdt. Het is een lastig werkje en niet zonder risico.'

Langzaam begon ik te beseffen dat dit wel eens een heel andere ervaring zou kunnen worden. Ongemakkelijk probeerde ik hem vragen te stellen over wat dat dan precies voor risico's waren, maar hij antwoordde enkel met een zachtjes: 'Maak je geen zorgen, ik doe dit elke week.' Hij plakte een soort plastic muts op mijn hoofd zodat mijn haar niet in aanraking zou komen met het gips, zei dat hij hard zou praten omdat de vloeistof diep mijn oren binnen zou dringen, en dat ik rustig moest blijven ademhalen en vooral niet in paniek mocht raken. 'Stilzitten, anders krijgen we niet de juiste afdruk in het gips.'

Ik hield mijn adem in terwijl de rubberachtige drek over mijn hoofd werd uitgegoten. Uit alle macht deed ik mijn best door de kleine gaatjes bij mijn neus lucht naar binnen te zuigen, maar ik was zo gespannen dat het voelde alsof ik een langzame verstikkingsdood stierf. Gelukkig kon ik luisteren naar de woorden van de man die mij dit aandeed, en elke handeling die hij uitvoerde met tekst begeleidde. Toen het na een halfuur droog was, sneden ze de hard geworden gelei doormidden en begonnen ze aan mijn hoofd te rukken. Ik hapte naar lucht, wrong mezelf naar buiten en kwam slikkend en kreunend tevoorschijn.

'Zo, nu ben je opnieuw geboren,' lachte hij triomfantelijk. Ik glimlachte terug en merkte dat dat precies was hoe het voelde. Een wedergeboorte, gratis en voor niets. Toch een leuke dag dus.

# Aliens

Van Amsterdam naar Leuven, dat is een uur en een kwartier met de helikopter. Als we opstijgen, knijp ik Karina's hand fijn. Er druppelt zweet van haar vingers op de mijne.

De Vlaamse piloot grijnst als we benauwd piepen dat we bang zijn, bang voor de hoogte en de grote vogels die misschien het raam binnen zullen vliegen. 'Amai, ontspan, geniet,' zegt hij door de microfoon. Ik kijk naar de steeds kleiner wordende huisjes, de koeien, de autootjes, het water, het groen en vind het een absurde ervaring. Vreemd en ongemakkelijk. De wind beukt tegen de flank van het kleine toestel, de wieken op het dak draaien dapper terwijl we heen en weer worden geschud. Ik wil eruit, ik wil in de bus zitten met de andere acteurs en met tachtig kilometer per uur naar België sukkelen. 'Meneer, weet u zeker dat we op tijd komen? Om acht uur moeten we op.' Hij antwoordt niet, trekt aan een of andere hendel en neemt een scherpe bocht. Ik stik bijna in mijn eigen speeksel, onze handen schieten los, we schuiven tegen het raam. 'Fantastisch toch?' De piloot is vrolijk. Beneden ons leeft alles rustig verder. Een mevrouw staat in haar tuin en zwaait naar ons. Een uur geleden stond ik nog in een avondjurk tussen ss'ers te dansen, nu zweef ik door de lucht. Ik weet niet of ik mijn leven nog begrijp. De producers van *Zwartboek* wilden me graag wat langer op de set houden vandaag, maar aangezien ik in Leuven *De feeks* moet spelen, was dat een probleem. Een helikopter loste het tijdsprobleem op. Trillend en zwoegend banen we ons een weg door het luchtruim. Een gans vliegt op ons af en met een zwiep ontwijken we ternauwernood zijn vleugels. De piloot wijst naar beneden en zegt dat we er bijna zijn. We landen en stappen uit met wapperende haren. Net als in een actiefilm. Achter ons zwaait de Vlaming uitbundig. Verdwaasd wuiven wij terug. Wat nu? Gehaast lopen mannen en vrouwen naar hun auto's. Iemand zou ons komen halen, maar we staan op een afgelegen parkeerplaats, ver van het ziekenhuis. 'Meneer?' Ik klamp een vriendelijk uitziende man aan. 'Wij zijn hier net geland met een helikopter en weten eigenlijk niet waar we zijn, kunt u ons dat vertellen?' Ik realiseer me plotseling hoe belachelijk dit klinkt en voel mijn wangen gloeien. Hij kijkt ons achterdochtig aan, alsof we beweren net van Mars te komen, schudt zijn hoofd en loopt dan weg. Vijf minuten later staat chauffeur Pieter voor onze neus. 'Jullie zouden op het dak landen,' zegt hij een beetje geïrriteerd. 'Maar goed, ik heb jullie gevonden.' Op de achterbank kruip ik tegen Karina aan. Ik voel me raar en wezenloos. Een eindje verderop wacht een podium, dat bespeeld moet worden. 'Aliens zijn we, buitenaardse wezens, vreemde snuiters die een surreëel bestaan leiden.' Karina grinnikt. 'Geeft niks,' zegt ze.

We lopen naar binnen.

# Verliefd in België

Nu weet ik het zeker. In dit vreemde land, waar ik al dagen verblijf, is iedereen stiller dan wij. Als ze over straat lopen, raken hun schoenen nauwelijks het trottoir. In cafés wordt op fluistertoon gesproken en als ik per ongeluk koffie mors op de lakens van een bed, kijkt men verbaasd naar mij op, geïrriteerd door de onstuimige beweging van mijn hand.

De Schelde stroomt geruisloos langs de kade. Rauw niemandsland ligt om de hoek, nog niet in kaart gebracht gebied nodigt uit me te verstoppen. Ik laaf me aan de trage hartenklop en zachte g, aan de fluisterende mens en de bierdrinkende vriend in de hoek van het café dat eeuwig openblijft. Als een hongerige leeuwin vlij ik me tegen zijn borst en voel ik zijn verbazing over mijn te veel, te gretig, te overrompelend gebaar.

Hij mompelt, ik schreeuw, hij beschouwt en ik neem deel. Wij zullen elkaar vinden, hoe dan ook. In kousenvoetenland mag je niet lachen, je mag niet spreken over wat er is, je moet zacht zijn, stil, discreet, integer. Keien dwingen mijn hoge hakken trager te stappen. In plaats van cola light bestel ik thee. Mijn mobiel staat uit, want stilte wil je niet verstoren. Beter niet zeggen wat je voelt, maar omschrijven wat je denkt. Niet vragen naar waarom toch, en heb ik iets verkeerd gedaan? Niet confronteren, niet uitproberen; laten rusten, laat hem toch gerust. Lieve vriend met je lange gestalte. Mooi huis met lage huur. Zing lieve liedjes, met je gitaar, laat je hersens kraken en was je haar niet vaker omdat ik er ben. Hou je beurs dicht en wees niet bang voor mijn wildheid. Vergeef me mijn geraas en ruis. Vergeef me mijn haast, gebras, verspilling en onverschilligheid. Als een te dikke olifant stoot ik tegen teer porselein. Voorzichtig doe ik een poging te genieten van het zwijgend naast je zitten en de dag nemen zoals-ie komt. We hebben uren gelopen. We hebben niet veel gezegd. Mijn oren klapperen van zo weinig lawaai. Mijn hoofd tolt van ingehouden gedachten. Nóg maar een kopje thee dan, en niet grijpen naar dat apparaat in je zak om te zien wie er heeft gebeld. Stel een vraag en krijg het antwoord minuten later. Neem een adempauze, want we hebben nog zo lang. Het hoeft niet nu, tegelijk en ogenblikkelijk. Mag ook morgen, volgende week of wanneer het zover is. Het zal wel zijn. Het zal wel zijn. In België droom ik van eenzame vlaktes, een boerderij of diepe gesprekken aan de toog. Ik word steeds langzamer, steeds meer ik en minder masker. In stilte verklaar ik je mijn liefde, vreemd land waar ik nog zo weinig van weet. Ik zie u graag.

# Jarig

Na een jaar was het weer zover. De onvermijdelijke dag waarop we herdenken dat ik ter wereld kwam. Aanleiding voor gevoelens van paniek, melancholie en onvrede. Het besef sterfelijk te zijn dringt zich op zonder reserve. Waar ben ik? Waarvandaan kom ik? Wat doe ik? En waar naartoe ben ik in godsnaam onderweg? Waarom lijkt het allemaal steeds korter te duren, de dagen, weken, maanden, jaren? Waar is dat goed voor dat je beleving van tijd verandert naarmate je ouder wordt? Hoe komt het dat die klok steeds sneller tikt, en die rekening die wordt opgemaakt minder en minder is te overzien?

Grootste punt van frustratie is mijn huis. Ik ben dus sinds kort dertig jaar, en niet in staat gebleken een dak boven mijn hoofd te creëren dat enigszins past in de film van mijn leven die ik rond mijn twaalfde in mijn hoofd heb gemaakt. Het appartement dat ik bewoon is oud, lelijk en verloren. De wc-pot zit los, de vloer is krom, het plafond zit vol vlekken en het bed waar ik in slaap is niet meer dan een verzameling gebroken planken en een versleten frame. Mijn werkster is wanhopig. Tussen de puinhopen probeert ze telkens opnieuw haar bezem en dweil met moed te hanteren, maar tevergeefs: tegen deze wanorde is zelfs een professional niet bestand. Vorige week heeft ze de wrakstukken van mijn ledikant bij elkaar geraapt en in een hoek gezet. Nu slaap ik op een matras op de grond. Heel sober, een soort monnik in de Pijp.

Gelukkig belt mijn makelaar om me te vertellen dat hij het perfecte huis heeft gevonden. Ruim, met houten vloeren, netjes afgewerkt. 'Je moet zo snel mogelijk gaan kijken, dit is zeker iets voor jou!' Zal het dan nu toch zover zijn? Een eigen plek? Een rustpunt? Een basis, fundament, wortel, kader, context? En alles tegen beter weten in, want over vijftig, zestig jaar liggen mijn resten toch ergens in de aarde en bekommert niemand zich nog om mijn behuizing. Ikzelf nog het allerminst. Een comfortabele kist van twee bij een halve meter. Ontwikkeling, groei, leerproces, alles voor niets geweest.

Cadeautjes krijgen omdat je het weer een jaar hebt uitgehouden. Fantastisch! Gefeliciteerd! Ongelooflijk! Weer 365 dagen deelgenomen aan het spel dat leven heet. En, wat is de stand? Gewonnen? Gelijkspel? Verloren? Hoeveel punten precies? Aan de regels gehouden? Haal de slingers uit de kast, zet je feesthoed op, forceer een lach op je gezicht en durf te vieren dat bestaan!

# Gebruiksaanwijzing

Om mij heen valt de ene na de andere relatie op de grond, kapot, in honderd stukken. Verwoede pogingen om de scherven aan elkaar te lijmen, stranden keer op keer. Niet alleen ikzelf, maar werkelijk al mijn vrienden lijden aan het benauwdheidssyndroom dat komt met het naderen van een leeftijd die niet begint met 2.

Is dit het dan? Wordt hij/zij de vader/moeder van mijn kinderen? Wil ik met hem of haar overblijven? Stel dat de wereld vergaat, loop ik dan met een gerust hart met deze partner de loopplank op, de ark in, als eerste en laatste mens? Zijn wij Adam en Eva? Bonnie en Clyde? Taylor en Burton?

Blijkbaar is het antwoord in alle gevallen 'nee' en worden overal rondom mij pijnlijke woorden gewikt en gewogen, uitgesteld, ingeslikt, maar uiteindelijk toch gesproken: 'Ik twijfel.'

'Misschien moet ik even op mezelf...'

'Het werkt niet meer, heb jij dat ook?'

Waarschijnlijk wordt er zachtjes om gehuild, om die koude klanken uit de keel van degene die je lichaam gister nog streelde; misschien wordt er geschreeuwd, hoe dan ook ongemakkelijk gezwegen. Daarna het ontwennen, afkicken, angstgolven en een onbeschrijflijk missen. Je maatje, je vriendje, je projectievlak: hij is niet meer.

Waar is toch die tijd gebleven dat men trouwde en als vanzelfsprekend bij de ander bleef? Hoe lang is dat geleden?

Leve duidelijkheid!

Leve vroeger!

Leve opa en oma!

Leve 'tot de dood ons scheidt, in voor- en tegenspoed en eeuwigheid'!

In de 21ste eeuw is alles verworden tot een keuze. Geen plichten meer, maar mogelijkheden. Hoe neem je dan in godsnaam een beslissing? Hoe verhoud je je tot zoiets abstracts als de liefde, waarover altijd wel iets te twijfelen valt? Uiteindelijk is iedereen inwisselbaar en is het niet de chemie tussen twee mensen, maar de ambivalentie of standvastigheid van het individu die bepaalt of iets beklijft of langzaam wegrot, uitsterft, verdwijnt. Wie geeft mij een handleiding? Wie noemt mij een lafaard en zegt mij dat het anders moet?

Huilend hap je naar adem, de eerste minuten van je bestaan. Ongevraagd kom je ter wereld en er is niemand die je een boekje geeft met de *fucking* gebruiksaanwijzing van de chaos die 'werkelijkheid' heet.

Mijn vrienden zijn in verwarring. De romantiek is voorbij, maar wat komt daarvoor in de plaats? In de struiken loert cynisme op een makkelijke prooi. Avond aan avond staat een van hen in het theater en zegt de volgende tekst: 'Uiteindelijk is alles hetzelfde, namelijk niets.'

Laat het alsjeblieft een bevrijding zijn en geen gevangenis.

# Overspel

Het is acht uur in de ochtend en ik kijk vanuit mijn raam naar mijn ex-vriend die zijn muts over zijn oren trekt tegen de kou. Ik spoed me naar beneden en spring op mijn fiets. Zwijgend trappen we en denken waarschijnlijk dezelfde dingen. In de lobby van het College Hotel staat een groepje mensen met make-upkoffers, statieven en zakken kleding op ons te wachten. Met een achterhoeks accent stelt de fotografe zich voor: 'Ik heet Miep en we gaen er een leuke dag van mak'n.'

De hoofdredactrice van het blad duwt koffie in onze handen en vraagt of wij elkaar eigenlijk kennen.

'Wij?' vraag ik, en wijs naar mijn vriend van vroeger die half slapend een sigaret opsteekt.

Zonder het antwoord af te wachten, gaat ze ons voor naar een van de kamers waar ze triomfantelijk op een kingsize bed wijst. 'Het is de bedoeling dat het nogal heftig wordt.'

'Heftig?' bromt het fossiel achter mij.

'Precies. Heftig en wild.'

Miep glimlacht gegeneerd naar ons en maakt een gebaar met haar hand dat ons gerust zou moeten stellen.

Even later lig ik in een niets verhullend jurkje naast mijn man van toen en beleef een intens déjà vu. Als ik mijn ogen sluit, denk ik de visagist, Miep, de stylist, de assistent én de redactrice de kamer uit, en ben alleen met mijn eerste liefde. Hij legt zijn hand op mijn buik en trekt me naar zich toe, hij fluistert iets teders in mijn oor en mijn hartslag daalt naar een gevaarlijk langzaam tempo.

'HET THEMA IS OVERSPEL!' brult de redactrice in mijn oor. 'SNAP JE? HET HELE NUMMER STAAT IN HET TEKEN VAN VREEMD-GAAN!'

Ik knik en kijk in ex' bruine hertenogen. Miep klikt onophoudelijk met haar camera en maakt goedkeurende geluiden. Ik probeer in stilte uit te rekenen hoeveel nachten ik in deze positie moet hebben geslapen. Ik draai me naar hem toe en zeg: '1350.' Hij trekt zijn wenkbrauwen op, weet niet waar ik het over heb.

Maar hij kent me zo goed, hij kent me zo goed, hij kent me zo goed.

'Het mag best wat intiemer,' wordt er vanaf de kant geroepen.

Honderden uren hebben we zo doorgebracht op een matras, zij aan zij. In elkaars armen gelegen, naar elkaars rug gestaard, de rand van het bed gezocht, elkaars lippen gevonden. In dit hotel hebben wij nooit geslapen. Hier simuleren wij jaren later onechtelijke passie. Hij brengt zijn gezicht vlak bij het mijne, we grinniken, proberen de film van herinneringen die zich versneld afspeelt in ons hoofd stop te zetten. Als we 's avonds naar buiten lopen, onze jassen dichtritsen, elkaar kussen, vasthouden ten afscheid, lach ik naar een jongetje en meisje, net twintig, aan het begin van alles wat nu is, naar samen één en 'er was eens', en 'eeuwig en voor altijd'. Ik leg mijn hand op m'n voorhoofd, en kijk naar mijn prins op het witte paard die een andere kant op fietst.

# Ver weg

Als ik aankom in Sofia ligt er sneeuw. Gelukkig maar, want dat was de bedoeling.

Het is drie uur rijden van het vliegveld naar het hotel. Alles om ons heen is grauw: de bergen, de wegen, de mensen, de flats. De bruggen, de verdwaalde honden, de lantaarnpalen: allemaal arm en treurig. Ik zit met mijn neus tegen de achterruit geplakt, als een kind dat met haar ouders op weg is naar een vrolijke vakantiebestemming. Naarstig zoek ik naar iets moois, iets opwekkends in het voorbijschietende landschap, maar ik vind alleen maar eenzame sparren op knoestige bergruggen. Ik probeer niet te denken aan het aantal weken dat ik moet doorbrengen in dit vreemde oord.

Gisteravond zat ik met mijn vrienden in een restaurant in de Utrechtsestraat. Warm, Hollands gezellig. Ik vertelde aan één stuk door, zat op mijn praatstoel, kon het niet helpen, stortte een brei van woorden over ze uit, wilde verslag doen van wat ik heb meegemaakt de afgelopen maanden, waarin ik ze veel te weinig heb gezien. Dus ik grijp mijn kans, ben niet meer te stoppen, ik braak anekdotes. Geduldig wordt er geluisterd naar mijn dagboeken, mijn lagereschoolopstellen over de liefde, naar mijn werk, kerst, oud en nieuw, Berlijn en Bulgarije, Bulgarije, waar ik morgenochtend voor dag en dauw naartoe moet. Buiten nemen we afscheid en ik race naar huis, waar al mijn warme kleren nog in koffers moeten worden gestopt en mijn administratie nog op de valreep moet worden bijgewerkt.

Nu ben ik er. Voorgoed, zo voelt het. Twee maanden is onoverzichtelijk lang, zeker als je net verliefd bent op een Belg die in Antwerpen woont. Istanbul is nog dichterbij. Verdomme, hoe ga ik dit aanpakken, deze afstand, en al die scènes die op dat celluloid moeten worden vastgelegd – niet de makkelijkste overigens. Mijn rol is die van albino met littekens: drie uur in de make-up, elke ochtend. Maar dan dwing ik mezelf te bedenken dat ik pas nog, een halfjaar geleden nog maar, een boek heb geschreven over een meisje dat omkwam in de drukte en enkel kon klagen, terwijl God haar bedolf onder zijn geschenken, zodat ze bijna stikte in al dat pakpapier. Luxeproblemen zijn geen problemen. Een gemiddelde Bulgaar verdient 80 euro per maand. Per maand!

In de sneeuw speel ik dat ik wanhopig over een brug loop, in de sneeuw speel ik dat ik verliefd ben maar niet durf, in de sneeuw ren ik door een bos, in de sneeuw neem ik afscheid van iemand die ik elke dag zou willen zien. Er loopt een zwerfhond gevaarlijk dicht langs me. Carice zou, als ze in deze film zou meespelen, of op andere – zeer vreemde – wijze in dit land terecht zou zijn gekomen, al die beesten op haar hotelkamer verzamelen, om ze vervolgens over de grens te smokkelen en in haar appartement spaghetti bolognese te voeren, zodat ze weer dik en gezond zouden zijn en warm en lief en rustig.

Ik ben heel ver weg.

# Internet

Om de columns en foto's naar Nederland te kunnen sturen, is het noodzakelijk dat ik een internetverbinding op mijn hotelkamer heb. Weken van tevoren worden dat soort zaken gecheckt. Zowel de productie van de film als het Bulgaarse hotel (dat toch vier sterren heeft) beweerde dat het geen enkel probleem zou zijn.

Wanneer ik aankom in Bulgarije ben ik een beetje gestrest, want diezelfde avond heb ik een deadline en *Viva* wordt de laatste tijd gek van mijn excuses. Iedere week presteer ik het opnieuw om dagen te laat te beginnen met schrijven, ergens midden in de nacht meestal, als ik eigenlijk te moe ben en slaapdronken met vier cola lights en twee pakken Barclay plaatsneem achter de computer. Vanaf vandaag heb ik een nieuwe redactrice en ik wil dus niet mijn schone lei meteen bevuilen. Vol vertrouwen loop ik naar de balie van het hotel. 'Could I have Internet in my room, please?' Het mooie Slavische meisje glimlacht warm naar me en schudt resoluut haar hoofd (wat in dit land 'ja' betekent). Ik lach vrolijk terug en wacht tot ze iets gaat doen; een schuif openzetten, een code noteren, íets.

'Not today, cables are not.'

*Cables are not?* Ik begin lichtjes in paniek te raken. Ze blijft lachen en ik denk; ze spreekt geen Engels, ik haal een tolk.

De tolk deelt me mee dat het hotel over vijf kabels beschikt en dat die in gebruik zijn. Dus ik moet wachten tot een van die vijf gasten zo'n kabel terugbrengt en dan ben ik aan de beurt. 'Aan de beurt?' Er zijn minstens driehonderd kamers in dit hotel en ze hebben niet meer dan vijf internetkabels?

'Tomorrow maybe?'

Ik bijt op mijn nagels en denk aan mijn nieuwe redactrice die ik nog voor we begonnen zijn, diep teleurstel. 'Internet café?' vraag ik en merk dat ik het Bulgaars-Engelse accent al overgenomen heb.

'Café, yes. Internet, no.' De tolk en het mooie Slavische meisje lachen beiden vriendelijk naar me. Ik grijns terug en druip af.

De volgende ochtend klampt het meisje me aan als ik net in de auto wil stappen om naar de set te rijden. 'We have you a cable!' Ze overhandigt me trots een plastic zakje. 's Avonds probeer ik het voltallige hotelpersoneel uit te leggen dat het geen internet-, maar een telefoonkabeltje is. Verontwaardigd halen ze hun schouders op en roepen dingen in hun eigen taal. 'I will show you.' Ik neem een man of vijf mee naar mijn kamer. 'You see, nothing happens.'

'You computer broken.'

Ik haal diep adem en zeg dat ik last heb van een cultuurkloof.

Een week later heb ik nog steeds geen verbinding. Ik loop naar een computerwinkel en vraag of ze misschien internetkabels verkopen. Na een uur begrijpt de winkelier wat ik wil. Hij geeft me er tien voor vijf euro. Het Slavische meisje kijkt me verbijsterd aan als ik er haar negen overhandig. 'For you. Ik bedoel het niet vervelend.'

Nu glimlacht ze nooit meer naar me. Ik ben niet goed aan het integreren.

# Schaampruik

Ik zet mijn benen nog een stukje verder uit elkaar. Het kwastje is koud en kriebelt een beetje.

'Kan je erbij?' vraag ik.

Ik kijk neer op haar gebolde rug en voel hoe haar hand de binnenkant van mijn dij omklemt.

Met een roze donsje begint ze me af te poederen. Ik staar naar mijn kale onderbuik, nauwelijks nog herkenbaar, een zielig babyspleetje, glanzend van de lijm.

Met verwrongen gezichten van inspanning bevestigen ze de schaampruik op het haarloze lichaamsdeel. Bij de deur houdt Bogi de wacht; het zou vervelend zijn als er nu iemand binnenkwam, dit geheim willen wij niet delen.

De dames doen een stap naar achteren.

'Dat plukje rechts is wat te lang.'

Een schaar knipt, een badjas wordt over mijn schouders gelegd en ik ren met rood hoofd- en schaamhaar naar de set.

Op een houten draaischijf staat een bed. Joren ligt op het matras in zijn script te bladeren.

'Je hebt geen tekst, dit is puur actie,' roept iemand tegen hem, maar hij luistert niet en blijft onverstoorbaar bladzijdes omslaan.

'We hebben haast, dus ga snel liggen. Jullie vrijen wat, jij onder, jij boven, wij gaan heel close, is zo gebeurd.'

De badjas wordt van me af getrokken en ik kruip naast Joren op het bed.

'Mag er iets tussen?' vraag ik aan de kleedster. Een huidkleurig lapje wordt over zijn kruis gedrapeerd.

Appie begint tegen de schijf te duwen en voor ik het weet cirkelen wij als naakte zigeunerberen door de ruimte. Ik klim boven op mijn tegenspeler en voer de opdrachten uit die vanaf de zijlijn naar me geroepen worden. Nerveus kijk ik zo nu en dan naar mijn kruis om te controleren of het pruikje er nog zit. Als we klaar zijn, ren ik met de make-updames achter me aan, terug naar de kleedkamer. Met pure alcohol wordt het gaas met haar van mijn lichaam verwijderd.

'Het brandt!' piep ik en probeer afstand te nemen van de situatie, vooral niet te beseffen wat we hier staan te doen, dwing mezelf niet na te denken over de prikkende vloeistof die nu mijn vagina binnendringt, zich een weg baant naar mijn baarmoeder en daar de boel ongewenst ontsmet.

'Zag het er een beetje goed uit?' vraag ik. 'Niet te… Ik bedoel, was het een beetje flatteus? Qua cellulitis en zo, en dikke kont of gekke ribben?'

De dames knikken en reiken mij potjes verzachtende zalf aan. Ik kijk in de spiegel naar mijn verhitte kop en schaam me voor mijn ijdelheid.

Terug in het hotel check ik angstig of alles het nog doet, of ik niet dichtgelijmd ben van onderen en voor eeuwig als Barbie door het leven moet. Godzijdank, het plakt nog een beetje, maar verder voelt alles normaal. En dat haar groeit wel weer aan.

Opgelucht pak ik een blik cola light uit de minibar en plof neer op de bank. Just another day at the office.

# Ultieme man

Wanneer je binnenkomt, probeer ik naar je te kijken als naar een vreemde. Je ziet er jong uit, lijkt wel twaalf. Ik draai mijn gezicht uit het licht en durf mezelf nauwelijks te laten zien, maar de jaren die we verschillen, tekenen zich in de schaduw ook af. We zwijgen. Met de bedeesde waakzaamheid van een kind dat de straat oversteekt aan de hand van haar vader, wacht ik op je eerste zin.

Of ik koffie wil. Ik knik en strijk zo nonchalant mogelijk een haarlok weg uit mijn gezicht. Er wordt niet meer gesproken. In deze kamer ben ik begonnen met koffie, een paar maanden geleden, daarvoor dronk ik het niet, alleen thee en cola light. Ik vraag me af of het een effect heeft gehad op jou, of je het überhaupt gemerkt hebt. Je staart me aan alsof je vallen voor me hebt uitgezet en achteroverleunend afwacht of ik erin slaag ze te ontwijken.

Terwijl je bijschenkt, denk ik aan onze toekomst, die waarschijnlijk een herhaling zal zijn van vorige gezamenlijke verlangens. Over een jaar of twee begin ik je te vertrouwen, langzaam verdwijnt de angst. Het ijs smelt, muren brokkelen af, we gaan er eens lekker voor zitten, hangen in de met veel moeite veroverde ontspanning en vinden onszelf terug aan de uiteindes van het bed. Benauwd, verveeld, of misschien zelfs in deze kamer, op deze stoel, fantaserend over een derde.

Ik sla een tijdschrift open omdat ik al drie sigaretten heb gerookt en niet weet wat ik met mijn handen moet doen. Er staan foto's in van Brad Pitt en Angelina Jolie. Ze houden uitgehongerde baby's in hun armen, ergens in Afrika.

'Zullen we naar de markt gaan?'

Ik knik, de markt, goed idee. Een heel goed idee zelfs, de markt, dat ik daar zelf niet opgekomen ben. Met een bezeten blik in mijn ogen wijs ik verschillende broden aan. De vrouw achter de kraam pakt ze vrolijk in.

'Twaalf euro vijftig.'

Je kijkt verontwaardigd naar mijn vingers, die geld uit de krokodillenleren portemonnee halen die je me vorige week gaf.

Ik hoor je denken dat ik een verspiller ben, een impulsieve veelvraat die vergeet te overwegen voor ze handelt.

Het maakt me bang en daarom hou ik nog meer van je. Een aangename siddering trekt door mijn lijf.

In een café bestel je bier. Ook dat drink ik voor het eerst. Je zegt: 'Schattig', en ik zuig het woord op, verstop het in mijn hersens en realiseer me dat ik daar nog dagen op zal teren: je spottende blik, je hand die even mijn haar aanraakt alsof ik een heel klein diertje ben.

Als ik de volgende ochtend afscheid neem, druk je me hard tegen je aan. Ik laat het gebeuren en zie in welke rol ik je geduwd heb. Je kracht is aangemeten, niet van jou.

Kleine meisjes worden telkens opnieuw groot. Als je de ultieme man geworden bent, zal ik je langzaam ontrafelen, tot je alleen nog maar bot bent en graten. Dan laat ik je vallen, op zoek naar een andere jongen die vader worden wil. Wanneer zal ik er genoeg hebben omgebracht?

# Onbewoonbaar

Nog drie dagen, dan is het voorbij. Aanstaande maandag land ik om negen uur op Schiphol en kom twintig minuten later thuis in mijn stad waar ik zes weken niet ben geweest. Het zal wel weer ouderwets aanpassen worden, net als toen ik terugkwam uit LA. Fietsen door het vlakke landschap, mijn schreeuwende vriendenclub, geordende straten, een eeuwig rinkelende mobiele telefoon, café de Smoeshaan, het journaal, mijn matras op de grond, grachten, rekeningen, en het repetitielokaal. Ik ben het allemaal ontwend. In tegenstelling tot hoe ik me in Amerika voelde, heb ik hier in Bulgarije niet anders gedaan dan het thuisfront missen. Op dag één begon ik al af te tellen. De penetrante bruinkoollucht, het grauwe deprimerende gebergte, de trieste winkels, het quasiviersterrenhotel, ik heb er niet echt van genoten. Al dat skypen, chatten, mailen en sms'en met West-Europa. Ik wil weer echt, in levenden lijve, van mens tot mens, een bord stamppot in een café. Met hongerend hart kijk ik uit naar een lange klaagsessie met Carice, een tripje naar Albert Heijn, mijn zussen, en vooral het Centraal Station perron 2 waar de trein naar Antwerpen vertrekt.

Voor de vijftigste keer heb ik van deze periode van afzondering gebruikgemaakt om een waslijst goede voornemens te creëren: minder werken, minder werken, minder werken, minder werken, minder werken... maar nog geen manier gevonden om ze in de praktijk te brengen. Een paar uur na aankomst word ik verwacht in een repetitielokaal aan de Prinsengracht om die improvisatievoorstelling af te maken. Ik word al misselijk bij de gedachte. Vijf uur pauze tussen het ene en het andere project, wie bedenkt zoiets?

Als mijn laatste shot in Bulgarije gedraaid is, word ik overvallen door een enorme huilbui. Onverwacht staan de productieleiders klaar met bloemen. Ik ben niet iemand die zich graag emotioneel uit in het openbaar, dus ik verbaas me over de dikke tranen die ten overstaan van de hele crew over mijn wangen biggelen. Tamar grijpt me vast en plotseling voel ik hoe mijn spieren verslappen, hoe het personage afscheid neemt van mijn lichaam dat als tijdelijke woning heeft gediend. Nu kan ik gaan slapen, denk ik. Nu ben ik klaar, nu hoef ik niet meer.

In het hotel huil ik rustig verder. We zitten met elkaar in de bar en heffen het glas op de film. Om 19:30 uur stap ik in een auto naar Sofia.

Nu is het maandag, 07:56 uur Nederlandse tijd, over een uur land ik op Schiphol. Over zes uur begin ik met werken. Een of ander, mij nu nog onbekend, personage wacht dakloos in het repetitielokaal. Ze zal me huur betalen, maar het huis brokkelt af. Nog even en niemand wil er meer wonen, zelfs ik niet.

# RTL *Albert*

Mijn hypotheekadviseur kijkt op van zijn papier. 'Status?'

Ik twijfel even. 'Ongehuwd…'

In Story staat dat ik een relatie heb met Tygo Gernandt. De journalist die het artikel schreef, raakte echter in de war toen hij dit blad opensloeg en het volgende opmerkte: 'Het vreemde is dat Halina zelf in haar wekelijkse column in het vrouwenblad *Viva* geregeld over haar vriendje in België schrijft, die haar zelfs een huwelijksaanzoek zou hebben gedaan. Opvallend: de laatste paar afleveringen is hetzelfde vriendje plotsklaps nergens meer te bekennen.'

Nou ja, zo zie je maar, je moet als columniste op je tellen passen. Wie heeft hier nou met wie verkering, wie vraagt wie om met wie te trouwen, en waar kust wie haar? Of zij hem? Er is geen touw aan vast te knopen. Tygo heeft al de nodige dames versleten, ikzelf ben vrij maagdelijk, kuis, niet zo'n femme fatale of hartenbreekster, *serial lover*, of hoe je dat ook noemt. Al heeft men een ander beeld van mij. Maar ja, wie heeft er nou geen ander beeld van iemand anders? Zelfs van een goede kennis of vriend heb je vaak een beeld dat niet helemaal overeenkomt met de werkelijkheid, omdat men nu eenmaal graag projecteert.

Punt is wel dat ik inmiddels een keer de daad bij het woord wil voegen, al komt dat woord niet uit de mond van mijn huidige partner of uit de mijne. RTL *Boulevard* kan je soms ook op ideeën brengen. Een huwelijksaanzoek. Waarom niet? Waarom eigenlijk niet? Waarom heeft hij mij verdomme eigenlijk nog niet gevraagd? Tygo, mijn Belg, of wie dan ook. Katja gaat toch ook trouwen?

Zo haalt fictie realiteit weer op onnavolgbare wijze in, of liever gezegd: fictie geeft realiteit een bruikbare tip, een advies, een suggestie. Het was zo leuk geweest. De krant belt meteen, want wat Albert zegt, zal wel zo zijn. Alleen al dat hij het uitspreekt, maakt het waar. Albert creëert een nieuwe werkelijkheid en wij willen het geloven of weten dat het bestaat, want Albert heeft het gezegd, en gaf zijn goedkeuring. Hij schiep een nieuwe verbintenis en zag dat het goed was. *De Telegraaf* doet er een schepje bovenop. Mijn moeder belt, boos. Waarom moet zij van de buurvrouw horen dat ik ga trouwen, en wanneer heb ik dat bedacht? De felicitaties stromen binnen. Ook al weet ik dat het niet is gebeurd, het is toch wél gebeurd, want ik vind het leuk, al die lieve sms'jes.

Zelfs Carice is in verwarring. 'Het is heel veel werk zo'n bruiloft,' zucht ze. 'En wanneer moet ik dat dan allemaal doen? Ik ben ceremoniemeester, zeker?'

Ik weet niet wat ik moet zeggen, omdat ik niet precies weet wat een ceremoniemeester is en al helemaal niet wat-ie doet.

Albert heeft gesproken, Albert zag dat het goed was. Ik wacht af.

Ik heb nog niets gehoord. Tygo belt mij nooit. Mijn Belg zit in Antwerpen en het is ijzig stil. Misschien kan Albert hem contacteren en een advies geven over hoe hij het 't beste aan kan pakken. Ik wacht af. Status: voorlopig ongehuwd.

# Sweet little lies

Met Annie zijn we naar Antwerpen getogen. Het leek me goed voor haar om niet alleen kennis te nemen van het Nederlandse, maar ook het Vlaamse in zichzelf te ontdekken. We hebben een auto gehuurd en zijn getweeën na afloop van de laatste voorstelling van *Het huis van de toekomst* naar het zuiden getrokken.

Terwijl Annie achter het stuur zat, gaf ik haar de versnelde inburgeringscurcus: meisjes dragen geen make-up en altijd lange rokken, ze hebben vet haar en zeggen nooit 'neuken' of 'geil'. Ze bezigen eerder woorden als 'grondhouding' en 'innerlijke noodzaak'. Ze willen niet jong of aantrekkelijk gevonden worden, maar zachtjes praten en bier drinken in een café op de hoek. Jongens zijn zwijgzaam en meestal gekleed in het zwart. De gebouwen zijn prachtig, maar slecht onderhouden. Het is er muisstil en de Vlamingen waarderen het niet als je als Hollandse en laat staan als Amerikaanse verandering komt brengen in de rust, het niet spreken, de bedachtzame manier van doen.

Annie kan nauwelijks geloven wat ik haar vertel, maar zodra we Antwerpen binnenrijden, is ze overtuigd. Naast ons fietsen een jongen en een meisje met lang, viezig haar dat half voor hun ogen hangt. De een draagt een lange rok, de ander een zwarte broek en jas. In een kroeg aan het Mechelse Plein probeert Annie de plaatselijke bevolking aan te spreken, maar haar toenaderingspogingen zijn tevergeefs. Belgen wensen tijdens hun intellectuele gesprekken niet gestoord te worden door vreemden. Giechelend druipen we af.

De volgende dag geeft Roy een rondleiding. We zien de

Schelde, de kathedraal, een markt, de hoerenbuurt en eten Vlaamse frieten. Voorbijgangers kijken verontrust naar Annies lange benen die onder haar minirok uitsteken. In Hopper, het café waar Roys broer achter de bar staat, evalueren we de dag. Een vriend raakt met Annie in gesprek. Ze vraagt hem hoe oud hij denkt dat ze is. Hij antwoord zonder aarzelen: 'DERTIG?'

Annie schrikt en pinkt even later een traan weg. In Hollywood schat men elkaar uit beleefdheid tien jaar jonger. Ze is dan misschien wel zo oud als deze jongen raadde, maar denkt er nog lang niet zo uit te zien. 'My agent would fire me today if he thought I'd look my real age.' Het is een gekke wereld, Hollywood.

De jongens weten zich geen raad met deze uitbarsting van emotie om zo'n futiliteit maar Annie trekt zich nergens iets van aan en begint hartgrondig te snikken. 'I am so old, so old, and everybody can see it.' We verlaten het pand en leggen haar in bed. Mijn Belg en ik trekken ons terug op zolder en bespreken het cultuurverschil. Gradaties van oppervlakkigheid. Amerika komt met stip op één. Terug in Amsterdam voelt Annie zich weer beter. Ze kan hier tenminste met mensen praten, zegt ze. Mannen kijken diep in haar ogen en zeggen 'vierentwintig' als ze hen om haar leeftijd vraagt. Hollandse jongens zijn misschien nuchter, maar wel oneerlijk. Ze weten wel hoe ze meisjes moeten verwennen met *sweet little lies*.

## Tot nog eens

Wij hebben elkaar al lang niet meer gesproken. Na ons afscheid schreef ik je nog wel eens een brief, of deed een poging tot een gesprek, maar dat kwam altijd van één kant.

Waar je je precies bevindt, is me niet duidelijk. Natuurlijk heb ik je gezocht. Zo nu en dan ontmoette ik iemand die beweerde je te kennen of je te kunnen zien, en hoewel ik sterk twijfelde aan hun oprechtheid, waren dat toch de momenten dat ik me het dichtst bij je waande. Als ik soms thuiskom na een lange nacht in een volle kroeg, sta ik wezenloos in mijn woonkamer en kijk naar je foto die aan mijn muur hangt. Dan vraag ik me af hoe je er nu uit zou zien, twintig jaar ouder.

Op zestien mei 1986 zag ik je voor het laatst. Ik was op weg naar school en stond te treuzelen in de keuken. Mijn moeder zei dat ik je even gedag moest gaan kussen, maar dat deed ik niet. In de hal bonkte ik met mijn voet op de onderste tree van de trap, zodat het leek alsof ik naar boven liep. Ik was boos op je, omdat je in mijn kamer lag. Na een week vond ik het onterecht dat niet een van mijn zussen haar kamer opgaf. Ze zeiden dat je griep had. Ik heb toen dus eigenlijk geen afscheid van je genomen. Zonder iets te zeggen, glipte ik langs mijn moeder en stapte op mijn fiets. Een paar uur later was je dood.

Mijn moeder rende om drie uur het schoolplein op. Haar gezicht leek een verfrommelde prop papier. Ze zei niets. Haar ogen sperde ze wijd open. Verbaasd staarde ik naar haar mond waaruit ze woorden perste die ze nooit had willen zeggen. Achter in de auto huilde ik met aan elke kant van mij een vriendin. Thuis kon ik me bijna niet bewegen; het hele huis zat vol mensen. Ze aaiden me over mijn wangen en vroegen of ik iets nodig had. Ik schudde mijn hoofd en dacht aan jou en dat je nu in de hemel was zonder mij gedag gezegd te hebben. De hemel is een heel eind fietsen en ik had je expres geen goede reis gewenst.

Twintig jaar later maak ik tekeningen in mijn hoofd van je gezicht, zoals ze doen bij van die vermiste meisjes van wie ze hopen dat ze tien jaar na hun verdwijning nog ergens opduiken. Als ik droom, kom je wel eens op bezoek. Dan ben je altijd boos en zeg je: 'Ik ben helemaal niet dood, hoe kom je erbij?' Ik geef dan geen antwoord en zeg alleen maar: 'Goede reis, papaatje. Tot nog eens.'

# Mening gevraagd

In mij zit een gat. Of een orgaan dat nu nog in elkaar geklapt is, maar zich te zijner tijd zal uitvouwen tot een grote holte, waar een ander dan ik in zal groeien. Ook beschik ik over allerlei ander gereedschap in mijn lichaam dat nodig is om van alles met elkaar in aanraking te laten komen en door te sluizen, te voeden, te broeden en te bevruchten. Ik had allang gebruik moeten maken van deze 'extra's' die ik gratis en voor niets bij aankoop van dit lijf kreeg, maar iets in mij is nog niet tot het besluit gekomen om ze in te zetten voor het doel waar ze voor zijn gemaakt.

Het is een klassiek westers probleem, de babyangst. Het uitstellen van het legitimeren van je bestaan. (Want als wij ons niet voortplanten, waarvoor zijn we in godsnaam dan op aarde?) Vierentwintig schijnt een ideale leeftijd te zijn. Ik ben dertig. Het blijft een vreemd gegeven dat je je buik ter beschikking stelt om een ander mens dan jij te laten groeien. Ik ben bang om misselijk te zijn, bang om uitgelubberde borsten te krijgen en een hangbuik, bang dat mijn haar uitvalt en mijn huid verschraalt. Ik ben bang dat, om leven te geven, ik mijn eigen leven zal moeten vergeten. Ik weet ook niet of ik zin heb om moeder te zijn. Ik begrijp niet zo goed waarom iemand dat wil, behalve omdat ze het leuk vindt om in de spiegel te kijken. In de ogen van haar kind herkent ze zichzelf, en zo krimpt haar wereld tot een overzichtelijk geheel van wassen en sjouwen en voeden en troosten en is er niets anders meer dan het nu.

Het is een dierlijk instinct. Het is een goddelijke opdracht. Het is de bevrijding van het ego en het ervaren van de ultieme onvoorwaardelijke liefde die voor niemand anders is bedoeld dan voor je nazaat. Wat nou als het nooit bij je opkomt? Wat nou als er niet een dag aanbreekt dat je denkt: JA, ik wil een baby.

Wat nou als het altijd blijft bij 'later, als ik groot ben, misschien, we zien wel, ja, in principe wel, maar nu nog niet, natuurlijk, maar dan wel eerst een huis, en op reis nog, enzovoort'. Wat als je blijft twijfelen? Als je het niet wil, dan is het simpel, dan doe je het niet. Maar als je het niet zeker weet? Is er ergens een instantie die je kan helpen met zoiets? Kent iemand een orakel die uitspraken doet? Een psychiater met een standpunt? Ik haat het als mensen zeggen over welk dilemma dan ook, dat ze eigenlijk niets kunnen zeggen omdat ik de enige ben die het besluit kan nemen. Dat is namelijk een leugen!

'Heb een mening!' schreeuw ik dan. 'Vínd iets van de ene optie en van de andere. Geef mij advies!'

Ik ben niet goed in beslissingen nemen voor mezelf, maar wel voor anderen. Niets is makkelijker dan te zien wat het beste is voor je vriendin, collega of familielid. Als men mij vraagt om raad, geef ik die ongenuanceerd. Dat is toch prettig? Dan heb je een felle discussie, of je zwijgt omdat het helder is geworden. Dat is geen verdienste maar een plicht ten opzichte van je medeburger. Iedereen kan het, iedereen vindt iets, iedereen kan zuiverder kijken naar een ander dan naar zichzelf.

Wie voelt zich geroepen? Neem mijn beslissing!

# Biecht

Omdat ik vrij ben, spendeer ik mijn dagen in het Belgische land. Mijn vriendinnen en vrienden zie ik minder dan ooit. Esmé, die ik al ken vanaf mijn veertiende, stelt voor de trein te nemen vanuit Amsterdam en ons op te zoeken. Na vier telefoontjes over gemiste treinen en verkeerd gekochte kaartjes komt ze aan op station Berchem. Met een rood tasje en in een wit jurkje holt ze ons tegemoet.

'Ik ben op vakantie,' zegt ze, 'alles is hier anders.'

Ik knik en we rijden naar het Zuid, de deftigste buurt van Antwerpen. Bij café Hopper bestellen we cola light en beginnen te praten. Nu ze hier tegenover me zit, realiseer ik me hoezeer ik haar gemist heb, hoeveel ik te zeggen heb en hoeveel ik van haar wil weten. Ze doet haar best het zachte Vlaams te verstaan. Ik observeer haar vanuit mijn stoel met een sigaret in mijn hand en denk terug aan onze vakanties, onze vriendjes, onze ruzies, onze nachtelijke gesprekken, onze gedeelde angsten en dromen. Haar bruine handen bewegen rustig, ze lacht en luistert, vraagt en spoort Roy aan haar zijn verhaal te vertellen. Niemand van mijn vrienden kan beter verbaliseren dan zij, niemand van mijn vrienden kan beter analyseren, 'processeren' en oplossingen aandragen. Ze is een lichtbruine engel, van een andere planeet dan wij. Haar voeten staan op de aarde. Ze schiet wortel en nodigt je uit om je diepste geheim aan haar zwarte ogen op te biechten.

Roys broers lopen voorbij en worden betoverd door de aanblik van deze prinses die, plotseling uit haar context, een ander is geworden. Door de ogen van de Belgen zie ik geen stoer meisje meer dat ik ooit ontmoette op een toneelclub in Groningen, maar een volwassen vrouw. Als het avond wordt, vertrekken we naar Het Eilandje waar Roy een optreden heeft met zijn band. Esmé kijkt naar de Vlaamse vrouwen met hun lange rokken en vette haren. Ze schudt handen en krijgt kussen van onbekenden. Ik fluister in haar oor wie verliefd is op wie, waarom die niet bij die staat maar bij die, en wat iedereen doet en voor wie. Haar blik blijft hangen op een meisje in een zwarte jurk, dat de ex is van mijn vriend. Ze verbaast zich over het verschil tussen 'zij' en 'wij' en vraagt zich af of ik daar eigenlijk wel tussen pas.

De volgende dag bezoeken we een vreemd dorpje in het havengebied. Ze trakteert op een ijsje en het is net of we ons in een kinderboek bevinden. Jip en Janneke, Ot en Sien, de kinderen van Bolderburen. Kleine zeilbootjes varen voorbij, terwijl de zon brandt op onze ingesmeerde schouders. Hier onder deze boom en met dit uitzicht, wil ik haar zeggen hoeveel ze voor me betekend heeft al die jaren – en nu nog, benoemen wat ze me gegeven heeft, bekennen hoezeer ik tegen haar opkeek, me niet goed genoeg voelde voor haar en haar deftige, belezen ouders, hoe dat zich allemaal heeft gekeerd en nu weer in balans is. Dat ik haar zo mooi vind en kwetsbaar en nog meer van dat soort dingen, maar het is al halfvijf en ze moet haar trein halen. Er wordt niets gezegd. We moeten gaan. Op het station aait ze mijn wang en vertelt me dat Roy haar doet denken aan mijn jeugd.

Ze zegt dat ik Pippi Langkous ben en hij ook, dat dat goed is, en ik beaam het en accepteer de zegening die ze uitspreekt. Mocht je haar ooit tegenkomen, wees dan lief voor haar en biecht bij haar. Niemand zal je geheim zo trouw bewaren.

# Fobie

Maanden geleden werd ik gebeld of ik mee wilde werken aan het – in mijn kringen – beruchte programma *Zomergasten*.

'O.'

Drie uur lang stilzitten met een camera voor je neus die live registreert wat je zegt, doet en óf en zo ja, hóe je beweegt.

'Nee, sorry, dat kan ik niet,' zei ik, om mezelf onmiddellijk te corrigeren en te roepen: 'Ik bedoel, dán kan ik niet.'

'Maar we hebben nog helemaal geen datum genoemd.'

Daar had ik niet van terug.

Ik vroeg een dag bedenktijd en sprak er met niemand over. Het benaderen van de gasten gebeurt in het geheim. Alsof ik toetrad tot een of andere ondergrondse beweging werd mij duidelijk gemaakt dat ik deze 'informatie' met geen levende ziel mocht delen.

Nu begon dus het eenzame wikken en wegen, de voor- en de nadelenlijstjes en het graven in mijn hersens op zoek naar tv- of filmfragmenten die tijdens mijn dertigjarige bestaan indruk op me hadden gemaakt.

Algauw had ik een A4'tje volgeschreven met films en documentaires die ik zou willen laten zien. Nadat ik deze lijst onder in een doos onder mijn bed verstopt had (stel je voor dat er iemand onverwacht op bezoek zou komen), begon ik aan het andere, grotere obstakel: mijn flauwvalfobie.

Al sinds mijn tienerjaren verlies ik zo nu en dan mijn bewustzijn. Voor mijn achttiende bijna maandelijks, daarna niet vaker dan eens per jaar. Het heeft waarschijnlijk iets met mijn bloeddruk te maken, of met een ademhalingsstoornis, dat is me nooit helemaal duidelijk geworden. Maar in mijn hoofd is het uitgegroeid tot een probleem. Toen ik jong was, vond ik het wel lekker, dat gevoel van wegglijden, van de controle verliezen en één worden met het niets. Bovendien, als je wakker werd, werd je bedolven onder lieve woorden en handen die je vastgrepen. Omstanders schrokken zich een hoedje en dat vond ik wel leuk, al die aandacht om een absentie.

Sinds ik op mijn negentiende flauwviel in het gebouw van het Amsterdamse studentencorps, waar ik op zoek was naar mijn zus, kan ik er niet meer om lachen. Eigenlijk mocht ik daar helemaal niet zijn als niet-lid, maar ik wilde mijn zus dringend spreken en vond het ook wel grappig een kijkje te nemen in een ballentent. Ik ontwaakte toen op de grond van de enorme 'bierhal' en zag boven mijn hoofd tientallen gezichten zweven van dronken mannen. Ik struikelde naar de wc, klampte me vast aan de wastafel, probeerde uit alle macht overeind te blijven, maar ging wéér onderuit. Het was zo'n schaamtevolle ervaring, zo gênant, zo walgelijk, dat ik besloot nooit meer flauw te vallen, altijd helder te blijven, nooit meer controle te verliezen. Sinds die dag heb ik geen druppel alcohol aangeraakt. Ook probeerde ik voortdurend alert te zijn op welke vorm van duizeligheid dan ook, zodat ik aan zou voelen komen wanneer mijn bewustzijn me in de steek zou laten.

De gevolgen waren vreemd. Ik ging bijna niet naar buiten. De weg van mijn huis naar de toneelschool kon ik zonder moeite afleggen, maar de supermarkt, een restaurant, een onbekend huis, een station, werden verboden gebieden. Zodra ik poogde mezelf bij elkaar te rapen en zo'n 'onveilige' omgeving op te zoeken, werd ik zó duizelig, dat ik zeker wist dat het een veel beter idee was thuis te blijven.

# Nog steeds fobie

Langzamerhand raakte ik door mijn flauwvalfobie in een isolement. Mijn vrienden en vriendinnen vroegen niet eens meer of ik zin had om mee te gaan naar een café of een restaurant, want ze wisten toch wel wat mijn antwoord zou zijn.

Na een paar maanden werd het zo erg, dat ik het gevoel had voortdurend in een duizelige toestand te zijn. Alsof ik op een boot zat die over een ruwe zee voer en ik geen reling vond om me aan vast te grijpen. Het liefst lag ik op mijn buik op de grond. Dan voelde ik me geworteld en kon ik rustig ademhalen. Maar zodra ik overeind moest komen, begon de wereld te draaien en leefde ik in een droom. Ik dissocieerde van de omgeving, van mensen, situaties en locaties. Iedereen wilde mij helpen, maar niemand begreep wat er aan de hand was. Ik praatte er nauwelijks over, omdat elk gesprek over het onderwerp 'flauwvallen' mij ogenblikkelijk het gevoel gaf meteen ter aarde te zullen storten. Aan een paar vertrouwelingen wilde ik nog wel eens iets loslaten en hun goedbedoelde antwoord was dan steevast: 'Nee joh, ga nou gewoon mee naar buiten, je valt heus niet flauw.'

Dat hielp mij niet; ik vond het alleen maar een bevestiging van het feit dat het absoluut niet mocht gebeuren, want zelfs mijn beste vrienden vonden het gênant. Waarom zouden ze anders ontkennen dat het kón gebeuren? Gelukkig voelde ik me redelijk goed binnen de klaslokalen van de Maastrichtse toneelschool en dat werd mijn enige houvast: acteren. Aan het eind van mijn propedeusejaar werd ik verliefd op Fedja. Dat maakte alles nog moeilijker; hoe kon ik hem versieren zonder mijn huis te verlaten? Ik besloot de verliefdheid uit mijn hoofd te bannen. Er was geen ruimte voor hem in mijn leven dat ik nu zo precies onder controle had: van mijn huis naar school en weer terug. Ik bedacht allerlei krampachtige oplossingen en uitvluchten, maar hij hield voet bij stuk en langzaam opende ik mezelf voor deze vreemde man.

Op een avond vertelde ik hem over mijn angsten, waarop hij zei: 'Is toch helemaal niet erg als je flauwvalt? Val maar, ik vang je op, dat vind ik wel romantisch.' Aan zijn hand zette ik na maanden weer een stap in een restaurant en met de dag ging het beter. De laatste jaren gaat het eigenlijk goed. Ik drink nog steeds niet, vermijd ruimtes met veel mensen, vlucht zo nu en dan naar huis als ik bang word, maar over het algemeen doe ik alles weer en is mijn boot de haven in gevaren. Ik val nog steeds flauw, maar het boezemt me minder angst in dan vroeger.

Maar toen kwam dus dat *Zomergasten*-telefoontje. Drie uur live televisie. Je kunt niet opstaan en weglopen. Voor iemand met een flauwvalfobie zo ongeveer de ergste nachtmerrie die er bestaat. Meteen werd ik overvallen door een golf van misselijkmakende draaierigheid. 'Maar ik kan dan niet weg…' piepte ik tegen Peter van Ingen (de hoofdredacteur).

'Jawel, hoor. Tijdens de fragmenten mag je best even naar de wc.' Ik was niet gerustgesteld. De daaropvolgende dagen heb ik aan niets anders gedacht dan het moment dat ik na een uur of anderhalf van die stoel zou glijden en met een klap op de grond terecht zou komen, terwijl Joris in paniek op zou staan en de kijkers thuis vol afgrijzen hun tv-toestellen zouden uitschakelen.

Toch belde ik een week later terug om 'ja' te zeggen. Mijn Maastrichtse huisarts had ooit gezegd: 'Als je bang bent voor een brug, staat je niets anders te doen dan erover te lopen.'

En het is gelukt. Wat ik verder ook gezegd heb die bewuste zondagavond, het maakt mij niets uit: ik heb het gedaan en ben niet flauwgevallen.

# Venetië

Rode lopers, flitsende fototoestellen, make-upmeisjes, dure auto's, zonnebrillen, mannen in pakken, champagne, journalisten, sterren, jurken, regisseurs, hakken en kaviaar: de ingrediënten van een cocktail die filmfestival heet. In dit geval: het Filmfestival van Venetië.

Op Schiphol worden we opgewacht door de heren en dames van *Shownieuws*, RTL *Boulevard* en NOVA. Onder het toeziend oog van hun camera's proberen we zo gewoon mogelijk in te checken en ons niet aanstellerig of schuchter te gedragen. In het vliegtuig worden we geüpgraded en schrokken we het luxevoer naar binnen. In Venetië wacht een speedboot die ons naar het Lido brengt: het eiland waar de feestelijkheden zich afspelen. We maken ons klaar voor het eerste diner.

De chef-kok slooft zich uit, want er is een man van aanzien in ons midden, een wereldster, een teruggekeerd Hollywoodicoon. Ik heb geen idee wie de rekening heeft betaald, maar hij of zij is heel wat euro's armer na dit bacchanaal, waar de wijn rijkelijk vloeit en de pasta en kalfsoesters onbeperkt worden gegeten. We zijn baldadige kinderen in een te chic restaurant, schreeuwerig, opstandig, puberaal. Misschien was het de te onderdanige ober die met zijn overdreven knipbuiging de kleuter in ons losmaakte, of onze Hollandse identiteit, ik weet het niet.

Een wandeling en weer een speedboot later liggen mijn vriend en ik in een vijfsterrenbed met vreemde lakentjes, gratis sloffen en plakken chocolade. Hij is stil. Hij praat niet tegen mij. De suikertaart van glamour en gebakken lucht ligt zwaar op zijn maag.

Ik ben eenzaam en ver weg en schaam me voor mijzelf en alle tierelantijnen en franje die aan mij hangen.

De volgende dag is er een persconferentie, een *photo call*, een *radio call*, een tv *call*, een *make-up call* en dan een terras met uitzicht op zee, blauwe lucht en serveersters met mooie borsten.

Iemand probeert ons een nieuwe beautylijn te schenken, één die je op moet eten in plaats van uit moet smeren. Het omkleedmoment breekt aan. Chanel of Burberry? Godzijdank heeft Esther van het tijdschrift *Elle* ons koffers vol kleding meegegeven, of beter, 'meegeleend', want deze Assepoester moet alles weer inleveren om middernacht.

Mijn vriend observeert. Hij zwijgt. Ik schud mijn franjes niet af, ik koester mijn veren, ik draai een rondje op de rode loper zodat mijn rok langs mijn benen waait en de fotografen goedkeurend joelen. Ik doe mijn werk, ik draag dit masker. Regisseur Paul Verhoeven trekt zijn strik recht, we lopen naar binnen en zien eindelijk waar we voor gekomen zijn: de film *Zwartboek*! Italianen klappen lang, staan op, blijven klappen. Carice gaat bijna van haar stokje, wil naar huis, slapen.

In de hotelkamer spreekt mijn vriend. Hij vond het mooi. Ik haal opgelucht adem.

# Première

Terwijl Paul en Carice de koninklijke familie onderhouden, praat ik met de schoonmaakster.

We doen het nog eens dunnetjes over: Nog een keer een stuk rode vloerbedekking op de koude straatstenen uitgerold. Nog een keer de voltallige nationale pers – die inmiddels zo veel aandacht aan de film heeft besteed dat het bijna gênant wordt. Nog een jurk, een ketting, een glas champagne en dit keer als kers op de taart een prins en een prinses.

Carice en ik melden ons een paar dagen voor de bewuste avond bij Esther Coppoolse, onze stylist. Ja ja, er gaat een hele wereld voor ons open nu we wat vaker op televisie te zien zijn. Haalt een goedlopende Nederlandse bioscoopfilm normaal hooguit zo'n 400.000 bezoekers gedurende de hele periode dat hij draait, met programma's als NOVA, *De Wereld Draait Door*, RTL *Boulevard*, *Shownieuws* en *Zomergasten* haal je in één avond met gemak het dubbele aantal kijkers.

Met deze nieuwe 'status' komen ook de nieuwe 'privileges'. Namelijk: een meisje met smaak dat ons vertelt wat we wanneer aan moeten trekken en vervolgens met de designers regelt dat wij die jurken mogen lenen. Let wel: lenen! Want ik moet de volgende dag braaf al mijn sieraden, schoenen, jurken en tassen weer inleveren bij de receptioniste van het bedrijf waar Esther werkt.

Carice en ik hebben altijd haast als we bij Esther aankomen, en zij ook. We graaien in bakken, betasten dure stoffen, verkleden ons vierhonderd keer, roken een sigaret en drinken cola. Uiteindelijk maakt Esther voor ons allebei een pakket en tevreden verlaten wij het pand.

Dinsdag moet ik om halftien bij een kapper zijn die mij met de hand op het hart belooft dat hij mijn haar in mijn eigen kleur zal verven, om me vervolgens met pikzwart zwartepietenhaar en honderd euro armer de deur uit te sturen. Ik heb geen tijd en ook geen moed om er iets van te zeggen. Ik race door naar Toneelgroep Amsterdam waar we de eerste lezing hebben van *Oresteia*. Omdat ik van onze leider niet eerder dan vier uur weg mag, kom ik veel te laat aan in Den Haag. Daar moet ik als een dolle haas de make-up in.

Carice belt om de twee minuten om verslag te doen van weer een debiele situatie waar ze in is beland. Ik probeer te zeggen dat ze moet genieten van alles, dat ze plezier moet maken, maar realiseer me dat het een belachelijk advies is. Het is werk. Het is chaos. Het is beangstigend en helemaal niet leuk.

Na het eten worden we de limousines in geduwd. Op de rode loper is het zo druk, dat we niet eens bij de schreeuwende pers kunnen komen om een interview te geven. De prins en prinses zijn heel aardig en ontspannen. Ik niet. Ik ben heel duizelig en gespannen. Terwijl Paul en Carice de koninklijke familie onderhouden, praat ik met de schoonmaakster op de wc. Als onze namen op de aftiteling verschijnen, ben ik even ontroerd. Een warme hand grijpt mijn arm, we moeten opstaan, naar boven, nog meer praten, vragen beantwoorden, prinsen en prinsessen te woord staan. We luisteren naar speeches en krijgen bloemen.

We zijn trots op elkaar en vooral op Paul.

Ik rij naar het hotel in een karaoketaxi. Geen idee dat het bestond, met een microfoon in je hand zingend naar huis. Of een hotel. Mijn vriend Roy en ik bestellen bij de bar. Ik neem ook alcohol, om het te vieren. Nu is het klaar. Nu gaan we weer normaal doen. Theater maken met Johan Simons. *Oresteia* in een decor van klei.

# Droogneuken en wanhopig huilen

Een van de moeilijkste aspecten van mijn vak is nasynchronise-ren. Voor de mensen die nooit van deze term gehoord hebben: nadat een film is gedraaid en gemonteerd, moeten de acteurs de studio in om bepaalde zinnen opnieuw in te spreken. Dit kan zijn omdat het geluid niet goed is opgenomen of omdat de regisseur toch een andere intonatie wil. Je staat dan in je eentje in een soort hok dat met een dikke geluiddichte deur is afgesloten, stukken uit scènes in te spreken die je destijds gespeeld hebt op de top van een berg, of rennend door een ziekenhuisgang. In het geval van *Zwartboek* was er een scène die *off screen* plaatsvond (we horen in de film dus enkel het geluid) van mij en Waldemar Kobus die samen zeer wilde seks hebben.

In het Duits.

Met lood in mijn schoenen meld ik mij om acht uur 's ochtends in de studio. Vervolgens sta ik een uur lang te hijgen achter een microfoon, terwijl een woeste Paul Verhoeven aan de andere kant van het glas schreeuwt dat het best wat heftiger mag. Op zo'n moment vraag je je werkelijk af waarom je niet een echt vak hebt geleerd zoals postbode of loodgieter, piloot of huidarts.

Bij de nabewerking van *Blind* moest ik enorm lange voice-overs opnemen omdat mijn personage haar tegenspeler voorleest. Mijn stem moest een warm, bijna surrealistisch geluid krijgen en daarom moesten alle sprookjes nog een keer worden voorgedragen. Ook was er een scène bij een boom waar Marie, de vrouw die ik speel, in een wanhopig huilen uitbarst. Door de wind was het geluid van de opname zo slecht, dat ook dit moment opnieuw moest worden 'ingehuild'.

Zonder kostuum, zonder boom, zonder pruik, zonder buiten-lucht, voelt het al snel vreemd om alleen in zo'n hok te staan jan-ken met een bekertje water in je hand. Los van de schaamte die gepaard gaat met droogneuken en -huilen en -kwebbelen, wordt er ook nog van je verwacht dat elk geluid dat je produceert *lip sinc* is. Dat betekent dat de bewegingen van je mond op het witte doek exact moeten corresponderen met de woorden, lachjes of snikken die je in de studio uit je keel laat komen. Er loopt een tijdcode mee die je voortdurend in de gaten moet houden en op een tiende van een seconde moet volgen.

In Duitsland, waar alle films worden nagesynchroniseerd, is het een apart beroep. Zo is er een man in Berlijn die al tientallen jaren de stem van Al Pacino doet. Als deze 'stem' eerder komt te overlijden dan de acteur, zal het gehele Duitse volk in verwarring raken bij de eerstvolgende Al Pacino-film.

Ik pleit namens alle Nederlandse acteurs voor lessen nasyn-chronisatie op de toneelschool. Je kunt een scène namelijk goed verpesten als je niet in staat bent deze taak naar behoren uit te voeren. Iedereen kan zich vast nog een moment herinneren dat je in de bioscoop zat en je verbaasde over de mond van een ac-teur die een geheel andere beweging maakte dan wat je zou ver-wachten bij de zin die hij uitsprak.

De truc die sommige geluidsmannen toepassen als je een zin iets langzamer inspreekt dan je tijdens het draaien hebt gedaan, is om je stem iets te *pitchen*. Dit houdt in dat ze de woorden iets 'op-*speeden*', waardoor je belabberde nasynchronisatie krijgt – het bekende *Soldaat van Oranje*-effect: 'Verdomme, jongen, we zijn verraden!' Kortom, het al dan niet slagen van een filmrol heeft met veel meer aspecten te maken dan een potje goed spelen op de set.

# Auditie 2

Een paar maanden geleden kreeg ik een telefoontje of ik auditie wilde doen voor een nieuwe Nederlandse speelfilm getiteld *Nadine*. De regisseur is Erik de Bruyn, met wie ik vorig jaar een korte film heb mogen maken; bovendien is hij de bedenker en uitvoerder van mijn lievelingsfilm *Wilde mossels*. Het verhaal van *Nadine* betreft een vrouw van rond de veertig die een baby steelt. We zien haar in het heden, maar ook in flashbacks toen ze twintig, vijfentwintig en dertig was.

Mijn eerste reactie was dat ik misschien net te jong zou zijn voor deze rol. Dat begreep de castingdame, maar ze drong erop aan toch te komen, want Erik had speciaal om mij gevraagd. Auditie doen is een gênante aangelegenheid, gek genoeg vooral als je de mensen kent die zich in de ruimte bevinden. Anoniem ergens binnenstappen is vele malen prettiger: niemand verwacht iets, je kunt je schaamteloos overgeven aan de rol en aan de emoties, zonder gehinderd te worden door een vriendschappelijke sfeer die na het kopje koffie plaats moet maken voor een professionele attitude.

Erik is niet alleen iemand met wie ik al eens gewerkt heb, maar ook nog eens een vriend die ik al jaren ken. Het voelt dus totaal onnatuurlijk om door hem in dit kamertje met een camera voor mijn neus getest te worden op mijn acteertalent. Tot overmaat van ramp heeft hij Fedja, mijn ex, gevraagd om tegenspel te geven in een scène die gaat over Nadine en haar vriend, die wanhopig seks proberen te hebben om zich voort te kunnen planten, maar die zich door de druk van de ovulatieklok en het vurige verlangen naar een baby niet meer aan elkaar kunnen geven. Nadat mijn zenuwen een beetje zijn weggeëbd en ik langzamerhand ga inzien dat het misschien wel eens in mijn voordeel zou kunnen werken dat ik vertrouwd ben met deze mensen, me daarom juist niet zou hoeven generen, beginnen Fedja en ik de scène onder de knie te krijgen. Erik neemt gelukkig de tijd en laat ons een aantal keren opnieuw verschillende dingen proberen. Als ik terug naar huis fiets, ben ik opgetogen en doe ik een stiekem schietgebedje met de vraag of ik de volgende dag een telefoontje mag krijgen met goed nieuws. Weken gaan echter voorbij en ik hoor niets. Al mijn collega's – jonger en ouder – worden opgeroepen voor dezelfde test, en Fedja ziet heel vrouwelijk acterend Nederland aan zich voorbijtrekken. Erik twijfelt. Hij komt er niet uit, het is ook een leeftijdskwestie, zegt hij. Het is zo vreemd dat je na jarenlang acteren, jarenlang auditie doen en afgewezen worden, nog altijd bang kunt zijn voor het bekende bericht. Misschien ook omdat je telkens weer opnieuw jezelf tegenover jezelf moet bewijzen, en dat dan natuurlijk ten opzichte van de rest van alle actrices in ons land. Er vallen namen, zoals altijd, die en die maakt echt een grote kans, ja maar die ook, want die heeft echt een geweldige test gedaan, maar voor haar zou het het leukst zijn, want zij heeft nog nooit een film gedaan. Je vergelijkt, schat je kansen in en probeert het te vergeten, want wat is er zinlozer dan bezig te zijn met iets waar je nog helemaal geen onderdeel van bent? Na nog een keer te zijn teruggeroepen en na een hoop gespeculeer, belt Erik mij op en zegt: 'Het is heel gek, maar jij, Monic en Sanneke hebben alle drie de rol gekregen. Jullie spelen Nadine in de verschillende fasen van haar leven, en jij bent de jongste.' Een paar dagen later zitten we in een repetitielokaal en genieten we van een compleet nieuwe ervaring. Gedrieën duiken we in het personage, bouwen we aan haar karakter, aan haar manier van spreken, haar blikken, haar loop, de gebaren van haar hand. Niet eerder ben ik met zo veel plezier begonnen aan een film. Wat een zegen om de druk van goed willen presteren te kunnen delen door drie.

# Zijn grote gestalte vult mijn kop

Luister naar je innerlijke dialoog, zeggen ze, de mannen en vrouwen die de boeken schrijven waarmee je jezelf helpt. Oefening baart kunst en vecht niet, strijd niet, constateer, accepteer, laat los, vervang. De kracht van het nu. Tijd bestaat niet. Parallelle universa, meerdere levens, verschillende vormen van werkelijkheid, de stoffelijke, de niet-stoffelijke, de fijnstoffelijke. Maar ik denk alleen aan jou. Man met grote handen en stoppelbaard.

Erken de macht van je gedachten. Wat je denkt, bestaat. Wat je wilt, wordt gemaakt. Schepper van alles wat is en was, zal zijn en gaat komen. Ondertussen eet ik niet omdat je mijn kop vult met je gestalte die veel te groot is om in mijn schedel te passen. Een meter zevenennegentig. Meer dan tachtig kilo vlees zit muurvast in mijn hoofd. De cirkel van het schenken, dankbaarheidslijstjes, karma, dharma, boeddha en in gesprek met God. Je hebt jezelf klein gemaakt, je ledematen ingeklapt, opgerold en ik heb toegehapt, mezelf vergetend, jou toegang verschaft. Nu ben jij de meester van mijn gedachten, en de schepper van mijn dagelijkse beslommeringen. Op weg naar een nieuwe dimensie, het opstijgen van de meesterzielen, de zeven wetten van succes, reïncarnatie, mediumschap, healen, voorspellen, channelen, wanhopig scan ik de pagina's op zoek naar mezelf. Maar er staat niets geschreven wat mij aangaat, omdat ik alleen maar jou wil lezen in dit boek dat ik vanmiddag ook nog maar heb aangeschaft.

Yoga, praatgroep, meditatie, therapie. Niets helpt tegen de banale ervaring van verlies die komt met liefde. Zelfs dichter Elsschot met zijn 'Het huwelijk' kan mij niet doen aarden. Waar ben ik behalve naast jou? Hysterisch doe ik pogingen in harmonie te zijn met alles om me heen. De bloemen, de bomen, het asfalt, de stoel, de peuken op mijn bord. Ik prevel mantra's, ik mompel spreuken die dit verlangen zouden moeten bezweren.

Hij vloekte en ging tekeer en trok zich bij de baard
en mat haar met de blik, maar kon niet meer begeren,
hij zag de grootse zonde in duivelsplicht verkeren
en hoe zij tot hem opkeek als een stervend paard,
toen wendde hij zich af en vrat zich op van spijt.

De man vertrekt niet uit mijn hersens, maar nestelt zich nog dieper in mijn celgeheugen, Elsschots waarschuwende woorden negerend. Tao, bijbel, Oprah, Char noch tarotkaart kan mij afbrengen van ordinaire liefdesliedjes zingen. Ik ben verloren. Een opgegeven zaak. Men kan mij niet bekeren. Uitzitten, afwachten, met gesloten ogen springen. Ik ga het dan maar aan, met alle risico's van dien. Wie weet, ligt verveling, een gebroken hart of een gewelddadige scheiding in het verschiet. Ik kan niet anders dan proberen dit nest te bouwen samen met die lange slungel in mijn hoofd. Beetje minder van mezelf, beetje meer hem. We delen een bed, een woonkamer, een kledingrek, de computer en de angst voor wat gaat komen: borden gooien, ontrouw, financiële misverstanden, en waarom heeft hij de afwas nou weer laten staan? In dit land ver van huis noem ik zijn appartement een thuis en met z'n tweeën sprokkelen we takjes bij elkaar. Hoog in een boom wankelen we in ons bouwsel, we vallen bijna naar beneden, maar een van ons heeft ons tot nu toe altijd nog gered.

De zelfhulpboeken staan in de kast harmonieus te wezen met hun rechte ruggen en imponerende titels. Een andere keer misschien, als ik weer bij zinnen ben. En wie weet, vind ik mezelf wel terug in hem.

# Klei

Plotseling zijn de Belgen hier. In groten getale bevolken ze de bedden van het huis van mijn zus in de Jordaan. Nick met baard, Bert met onafscheidelijke pint in de hand en Roy zwijgend met gitaar. Nu Leonora voor vier maanden naar Australië is vertrokken, verblijf ik in haar woning vlak bij de Herengracht. Onverwacht, maar niet ongewenst, zijn Roy en zijn vrienden in zijn witte Volvo met kersvers rijbewijs en navigatiesysteem naar Amsterdam getrokken. Zich verbazend over de cultuurverschillen doen ze mij 's avonds verslag van hun belevenissen in de hoofdstad van mijn land. Ik luister geduldig, spreek ze niet tegen. Lach mee om het Hollandse calvinisme.

Nick heeft van alles gekocht, boeken, een klok, een schilderij, tijdschriften uit 1910. Ze zijn uitgelaten. 'Net zomervakantie,' zeggen ze en ik zucht, want ik heb vanavond première gehad van een stuk dat bijna vijf uur duurt en moet morgenmiddag alweer, en de dag daarna en die daarna en zo verder, tot ik stik in de klei waarvan het decor is gemaakt waarin we spelen. Vier keer per dag smeer ik zalf, die bedoeld is voor de uiers van koeien, op mijn witte giraffenbenen, om de droogte tegen te gaan die de modder op mijn huid achterlaat. Een collega merkte onlangs op dat ik hem in mijn kostuum nog het meest doe denken aan een langpootmug. En dat terwijl ik nog niet eens begonnen was aan mijn vertolking van Electra – je kunt je voorstellen in wat voor stemming ik het podium betrad.

Rokend en drinkend maken de Vlamingen plannen voor de volgende dag: museum, een film, de Wallen, de rommelmarkt.

'De hoeren in Nederland zijn veel mooier dan die in België,' zeggen ze met een begerige blik in hun ogen. Ongemakkelijk wip ik heen en weer op mijn stoel. Terwijl ik morgen weer rondkruip in de drab op het toneel van de Stadsschouwburg, zullen zij langs ramen lopen van waarachter prachtige achttienjarige Oost-Europese illegale meisjes van lichte zeden ze met lokkende oogjes aan zullen staren. Wat een leven. In ieder geval hebben ze één pluspunt gevonden aan ons land: het 'schone' uiterlijk van de hoeren. Hoera.

Ik probeer ze tips te geven: het pannenkoekenrestaurant, Van Gogh, de bloemenmarkt, een rondvaartboot – zelfs Anne Frank komt eraan te pas in mijn pogingen ze te weerhouden van een zoveelste bezoek aan de rosse buurt. Ik ben toch preutser dan ik had verwacht, en banger ook, voor ouderdom, klei, gebrek aan sexappeal en uitgedroogde ledematen. Braaf smeer ik broodjes, schenk biertjes, draai plaatjes, maak bedden op en druk boeken in de handen van de mannen, waarvan ik denk dat ze ze interessant vinden. Een *desperate housewife* is er niks bij.

Als ik de volgende dag klaar ben, bel ik ze op. Aan het lodderige stemgeluid aan de andere kant van de lijn hoor ik dat de alcohol rijkelijk geschonken en gedronken is. In het huis van een Nederlandse vriend tref ik ze aan in gezelschap van een grote hond met lieve ogen en wat lege flessen op tafel. Ze hebben de hele dag door de straatjes van Amsterdam gelopen en inderdaad een hoer gezien die mooier was dan Angelina Jolie en Scarlett Johansson bij elkaar opgeteld. Ik pak de whisky, schenk mijn glas vol en drink op het feit dat alle mannen, Belg, Hollander, Japanner of Afrikaan, in ieder geval één ding gemeen hebben.

Morgen weer een dag met klei, buitenlanders, honden en wie weet toenadering van twee culturen. De eerste stap is gezet, dankzij de meisjes van de rosse buurt.

# Samen in bed

Afscheid hangt in de lucht. Om halfdrie 's middags is het verdomme al zo donker dat je zonder kunstlicht blind bent. Regen,
hagel, kerstlampjes, de hele zooi: opwekkend is het niet. Bij de
bloemenman weer verse rozen aangeschaft om een lentegevoel
te simuleren, maar tevergeefs. Afscheid hangt in de lucht. Het zit
er vol mee, geen zuurstof maar een 'tot nog eens' ademen we in.
'En wie weet kom ik nog langs, daar.'

Het is toch ieder jaar weer een beproeving, die winter, die
maanden van geforceerde feestjes en stilstaan bij wat er allemaal
is gebeurd. Terwijl mannen en vrouwen bij kaarslicht aan gezellige
tafels zitten te eten in Café Americain, maken wij ons een paar
meter verderop, aan de overkant, klaar voor alweer een vier uur
durende voorstelling. Vanuit onze kleedkamers kijken we naar de
obers die glimlachend flessen wijn ontkurken en we kloppen op
elkaars schouders en proberen onszelf ervan te overtuigen dat we
gewoon een beetje plezier moeten maken op dat podium straks.

De sterren staan verkeerd. Er hangt onrust en ontevredenheid
in de atmosfeer.

Straks gaat ze weg. Nog een paar dagen en ze is vertrokken,
een hele zee over naar een ver oord, die kleine, die lieve, mijn
steun en toeverlaat. Ze vertelt dat ze op bezoek was bij een oude
vrouw van tachtig die samenleefde met een andere vrouw van
tachtig. Dat ze in één bed sliepen en niet lesbisch waren, maar
wel eens warmte zochten bij elkaar. Dat hun rimpelige lijven elkaar dan omarmden en dat ze gelukkig waren en rustig en dankbaar voor wat was geweest.

'Zo eindigen wij ook,' zegt ze. 'Ik zou er vandaag nog voor te-kenen.'

Ik knik, vandaag nog, ik zou vandaag nog bij haar intrekken en mannen afzweren en altijd met z'n tweeën zijn en reizen maken en gesprekken voeren en een beetje voor haar zorgen en zij voor mij. Geen ingewikkelde liefdesaffaires meer, geen eeuwige confrontaties via het andere geslacht met jezelf, geen verlangen meer of benauwdheid, maar veilig, rustig, onvoorwaardelijk sa-mensmelten tot een homp vlees, verstrengeld in een oneindige symbiose.

'We zouden dan een kerstboom kopen met kaarsjes en een piek.'

'We zouden dan liedjes zingen en cognacjes drinken tot onze wangen gloeiden van de pret en er helemaal geen problemen meer op de wereld waren.'

'Precies.'

Die avond speel ik met vreugde het ruim vier uur durende to-neelstuk, omdat ik in ieder geval geen zorgen meer heb over mijn oude dag: ik weet nu zeker dat ik niet eenzaam ga eindigen in een bejaardentehuis op de hoek, maar met Carice het bed zal delen en samen strompelend de straten van de desbetreffende stad onveilig zal maken.

Iets om naar toe te leven, iets om naar uit te kijken. Een ze-kerheid, een toekomstbeeld, een binnenpretje. En plotseling stoor ik me niet aan de kerstlampjes, aan de regen en het vroege donker zijn. Laat die feestdagen maar komen.

Ik heb een plan. Ik heb mijn zaakjes op het droge. Ik vraag me niet meer af hoe alles af zal lopen, ik weet het einde al.

Halina en Annie in Los Angeles

Halina met haar zojuist aangeschafte kat

Halina met vrienden
Janusz Gosschalk, Halina Reijn, Hadewych Minis, Katja Herbers, Job Castelijn

Halina met een nieuwe haarkleur

Op de set van *Valkyrie*

Taart voor Halina's 33ste verjaardag

Carice en Halina tijdens de press tour van *Valkyrie*

*Zwartboek*, filmfestival in Venetië
Carice, Paul Verhoeven en Halina

Halina als engel tijdens een fotoshoot (voor Milieudefensie)

Halina en agente Andrea Kleverlaan tijdens de uitreiking van het Gouden Kalf

Bert, Halina en Roy

Halina in Los Angeles

Halina in Californië in de Joshua Tree Desert

Nichtje Kate en Halina

Gezelschapsvergadering bij Toneelgroep Amsterdam

Met Fedja tijdens de voorstelling *Rocco en zijn broers*

Op tournee in de bus

Premierè *Valkyrie* Amsterdam
Nathan Alexander (schrijver *Valkyrie*), Heather McQuarrie (vrouw van), Halina Reijn, Tom Cruise, Carice van Houten en Christopher McQuarrie (producent en schrijver van *Valkyrie*)

Tom Cruise in *Valkyrie*

Halina droomt

Hollywood

# Raspaard

De *Oresteia* is een oud Grieks toneelstuk dat we in coproductie met NTGent in België hebben gemaakt. We zijn met ongeveer negen acteurs, en het zijn niet zomaar acteurs, maar – zoals in elke folder duidelijk staat vermeld – het gaat hier om het beste wat Vlaanderen en Nederland hebben voortgebracht. Het vreemde is wel dat er maar één Vlaamse actrice bij zit, dus Vlaanderen heeft blijkbaar niet heel erg veel toptalent weten af te leveren bij de uitgang van de toneelschool. De gemiddelde leeftijd is, denk ik, vijfenveertig. We hebben drie 'jongeren': Aus Greidanus jr., Eelco Smits en ik. Maar echt jong zijn wij helaas ook niet meer: eind twintig, begin dertig. De jaren van onbezonnenheid zijn allang voorbij.

Met deze groep toeren wij momenteel door het land. Onze voorstelling duurt meer dan vier uur, het decor bestaat uit klei en aan het einde van de lange avond zijn onze lichamen zo volgesmeerd met bruine smurrie dat onze eigen moeders ons niet meer zouden herkennen.

De acteurs (Pierre Bokma, Marieke Heebink, Chris Nietvelt, Betty Schuurman, Han Kerckhoffs, Elsie de Brauw, Hans Kesting) boezemen niet alleen het publiek, maar ook mij ontzag in. Los van de goedgevulde prijzenkasten in de huizen van deze helden en de stapels jubelende kritieken, is het vooral de manier waarop ze allemaal elke avond opnieuw vol goede moed het glibberige podium betreden. Hoe ze steeds weer (en dat ook al zo veel jaren achter elkaar) met uiterste precisie hun personages gestalte geven. Ikzelf doe natuurlijk ook braaf mijn werk. Maar ter-

wijl ik in een hoekje van het decor zwijgend toekijk hoe deze co-
ryfeeën elkaar en de zaal bespelen, betrap ik mezelf toch bijna
dagelijks op fantasieën. Over een leven van vrije tijd, omscholing,
boerderijen in verlaten dorpjes en andere dromen. Dromen die
mij een mogelijke ontsnappingsroute zullen openbaren, een weg
naar buiten, een vlucht, een ander land, een fris begin.

Misschien ben ik lui. Misschien behoor ik niet tot het beste
wat Vlaanderen en Nederland heeft voortgebracht. Misschien
ben ik geen raspaard, maar een eenzame knol die weigert rond
te paraderen in de ring, die bokkig bij een sloot staat en zijn verwarde manen schudt. Toen ik klein was, heb ik menige avond in
de schouwburg van Groningen doorgebracht. Gezeten op een
rode, pluchen stoel, keek ik naar het ranke lijf van bijvoorbeeld
Chris Nietvelt, die als een bezetene over het toneel heen en weer
dartelde. Als ik ooit ook maar een tiende zou kunnen van wat
zij nu doet… dacht ik dan. En greep de hand van mijn moeder
om haar toe te fluisteren dat ik vanuit het diepst van mijn kleine
tenen verlangde naar een leven in het theater. Van mooie rollen
en rondtrekken in een bus door ons land. Dat ik dan pas echt
gelukkig zou zijn.

Nu het allemaal zover is gekomen, nu die dromen wel zo'n
beetje zijn ingelost, ben ik nog een keer de beschouwer van deze
topactrice. Nu niet vanaf een stoel in de zaal, maar een meter bij
haar vandaan. Mijn bewondering voor haar is misschien nog wel
groter dan toen; niet alleen vanwege haar talent, maar vooral
vanwege de vanzelfsprekendheid waarmee ze haar vak uitoefent.
Geen spoortje twijfel, geen grammetje onzekerheid. Ze probeert
niet te acteren, ze IS acteren. Elke cel in haar lijf, elke porie ademt
het uit. En ik sta erbij en kijk ernaar en ben bang dat het voor
mij niet genoeg zal zijn.

# Roem

Na een week Stockholm, waar ik mij heb vergaapt aan gezellige houten huisjes en veel minder heb gerookt omdat dat daar binnen nergens mag, ben ik weer terug in België. Hier word ik nog steeds in die ellendige klei ondergedompeld, avond aan avond in de schouwburg van Gent. Voordeel is wel dat ik bij mijn vriend kan wonen. We hebben ons ontwikkeld tot een nieuw schrijversduo en brengen uren door met onze MacBooks op schoot; driftig tikkend, verhalen verzinnend, zinnen creërend, grappen bedenkend.

Zelf ben ik een vreemd boek aan het lezen over Robbie Williams. Het gaat over roem, ambitie, decadentie, verveling, succes, angst (natuurlijk), afgunst, eenzaamheid, de top, het dal en meer van die zaken. Voor ons allemaal herkenbaar, zij het op microniveau en niet – zoals bij Robbie het geval is – op een niveau waarop mensen miljoenen ponden in je investeren, je op Valentijnsdag 80.000 kaarten ontvangt en met een eigen vliegtuig de wereld verovert.

In België is alles bij het oude gebleven. Het dorp Antwerpen ligt er vredig bij. Ik denk dat dit de enige plaats is die ik ken, waar je midden op de dag je eigen voetstappen kunt horen als je door het centrum loopt. We eten vanavond frieten met stoofvlees, een oude Vlaamse gewoonte die ik mij moeiteloos eigen heb gemaakt. Tante Sidonia heeft plaatsgemaakt voor Ollie de Olifant. Vier kilo vlees is erbij gegroeid, bij de vijfenvijftig die ik drie weken geleden nog woog – omdat ik toen door werkdruk en existentiële problemen in het algemeen, niet meer kon eten.

De telefoon gaat weer. Het is de zoveelste mens uit Nederland die mij probeert te verleiden tot een afspraak voor een leuk project, een workshop, een interview, een korte film. Ik zeg aldoor maar: misschien. En vind het steeds ongeloofwaardiger klinken, vooral omdat ik na een uur vergeten ben wie waarvoor belde en ik niet heb opgeschreven welk telefoonnummer bij welke aanvraag hoort. Ik besluit maar niet meer op te nemen, en ook mijn e-mails laat ik voor wat ze zijn. Vanavond wil ik vroeg naar bed. Mijn ritme is namelijk totaal in de war: om vier uur in de ochtend word ik pas moe en slaap dan een gat in de dag. En dat is niet bevorderlijk voor mijn brein; ik ben sloom en traag.

Robbie Williams heeft het ook niet makkelijk in zijn veel te grote huis in de Hollywood Hills. Met een zwembad waar opblaaspoppen in drijven en vier persoonlijke assistentes in blauwe bikini's bij gebrek aan een echte vriendin. Misschien moet hij maar eens een weekje naar Stockholm. Dan kan hij daar in een klein houten huisje slapen en zalm eten uit een tube, of vriendschap sluiten met Nils Holgersson. Wie weet, vindt Pippi Langkous, die inmiddels toch meerderjarig zal zijn, hem een aantrekkelijk persoon. En dan kunnen ze trouwen en kinderen maken, een nestje bouwen, gelukkig zijn en samen liedjes schrijven. Net als ik met mijn vriend.

# Fuck regels, fuck plicht, fuck al die kerels

In de huiskamer van Roys huis staan een drumstel, een contrabas en een stuk of vier gitaren. Er wordt druk gerepeteerd voor de komende tournee en de op te nemen cd. Jongens met laptops lopen in en uit. Ze werken aan de opzet van een script voor een televisieserie die ze zelf hebben bedacht. Ik zit driftig te tikken aan de keukentafel, op zoek naar de juiste invalshoek voor een verhaal. Zo nu en dan loop ik naar de schildersezel om het schilderij te bekijken dat ik gisteren heb gemaakt. Het lijkt hier wel een jeugdhonk waar een creatieve explosie heeft plaatsgevonden, of een Andy Warhol-achtige fabriek waar van alles ontstaat en wordt gecreëerd.

De buren hebben gisteren geklaagd dat ze last hebben van de drums, van de klikkende, hoge hakken op de houten vloer en van de gesprekken die met de dag luider worden. Maar de dingen die er gezegd worden, krijgen in onze ogen dan ook steeds meer gewicht: deadlines komen naderbij, dialogen moeten worden voorgelezen aan producenten, liedjes moeten worden gezongen voor volle zalen en artikelen dienen te worden opgestuurd naar tijdschriften. Er is geen tijd om zacht te fluisteren, rustiger aan te doen of om je te ontdoen van je schoenen voor je binnenkomt. Er moet worden gewerkt, gezocht, geschreven, gebrainstormd en geassocieerd. We hebben haast, we zitten in een trip, we kunnen nu niet stoppen. De buren moeten maar een tijdje op vakantie naar een verlaten dorp in Frankrijk en ons achterlaten in dit huis, zodat we lawaai kunnen maken en zonder censuur de longen uit ons lijf kunnen zingen.

Mijn droom is uitgekomen: ik ben nu dan toch onderdeel van iets zonder erin te verdwijnen. Niet meer in mijn eentje zwoegen op een tekst, of samen met andere uitvoerende marionetten. Niet meer eenzaam met mezelf bezig zijn. Geen hoofdrollen meer op het grote toneel, alles ter meerdere eer en glorie van mij, mij, mij. In plaats daarvan vorm ik nu met verwante zielen een collectief, een scheppend organisme, een ademend, groeiend beest dat zich niet laat temmen door artistieke leiders, zakelijke directeurs, regisseurs en andere figuren die ik nu al zo lang de loop van mijn leven heb laten bepalen.

Ha! Ha! Ik trek de broek aan, ik grijp de macht, ik schud mijn boeien los. Ik wandel zonder om te kijken weg van vast salaris, weg van veiligheid, zekerheid en een pensioen. Ik neem dit risico en doe alleen nog maar wat ik wil, wanneer ik het wil en op de manier die mij het beste lijkt. Fuck regels, fuck plicht, fuck slavenleven, fuck herhaling en routine, fuck alle heren die mij manipuleren en mij gebruiken om hun zalen te vullen! Leve het avontuur, leve de afwisseling, leve autonomie. Leve de kleine schuur die ik ergens op het platteland ga kopen, op een plek waar geen buren zijn en waar iedereen welkom is die de behoefte voelt om een idee te realiseren. Het moet, zeg maar, een kleinschalige versie van Steven Spielbergs Dreamworks worden. Helaas ben ik een laf en bang mens. Helaas zal het voorlopig parttime moeten, deze denktank. En dus zal ik vanavond trouw ten tonele verschijnen om mijn dienst te draaien. Ingeleefd en wel, tranen, zweet, alles erop en eraan. Nee, aan mij zul je niet zien dat ik stiekem fantaseer over een heel ander leven.

# Omscholen

Carice is even terug uit het buitenland. Terwijl ik de rust van Antwerpen met smart in mijn hart heb achtergelaten en onwennig door het lawaaierige Amsterdam fiets, belt ze dat ze is geland en in haar huis op me wacht. Ik moet eerst nog een voorstelling spelen: *Rouw siert Electra*. Vandaag beginnen we aan een eeuwigdurende tournee in het kader van Topstukken (de vier meest spraakmakende stukken van toonaangevende Nederlandse toneelgezelschappen, met opvoeringen door het hele land).

Tien weken lang zullen we allerlei steden aandoen en ons meer dan drie uur durende spektakel aan de man en vrouw proberen te brengen. De eerste stad is Haarlem. In de Toneelschuur is het altijd feest. We worden warm ontvangen met drankjes, eten, consumptiebonnen, omhelzingen en grote Fatboy-zitzakken in de kleedkamer waarop je – voordat je opgaat – nog even een tukkie kunt doen.

Als we ons voor de spiegel in onze kostuums hijsen, praten we over de maanden die we samen zullen doorbrengen, over hoe we tot elkaar veroordeeld zijn. We vragen ons af hoe het zal voelen om dag in dag uit getuige te zijn van elkaars gewoontes, onhebbelijkheden en rituelen.

De eerste belofte die ik doe, is dat ik niet te veel zal klagen. Niet meer dan tien minuten per dag. Ik heb de laatste tijd nogal een cynische houding ten opzichte van het beroep toneelspeler aangenomen. Ik val iedereen om me heen voortdurend lastig met mijn botte opmerkingen over routine, over het marionettenleven, over de *mind fuck* die acteren is, over de saaiheid en de uitputtende verwachtingen van het publiek. Om vervolgens het podium op te gaan en met plezier en vol energie de voorstelling te spelen. Mijn collega's wijzen me erop dat dat een vreemdsoortige mentaliteit is die niet productief is, maar irritant en verwend.

'Misschien is het ongemerkte verslaving aan negativiteit omdat je je daar veilig bij voelt?' Het gesprek voor de spiegel, een halfuur voor aanvang van de voorstelling, dat min of meer begon als grap, krijgt plots een serieuze toon.

'Als je het geen leuk beroep meer vindt, moet je je laten omscholen. Dan moet je de daad bij het woord voegen. Er zijn namelijk heel veel mensen die hun rechterelleboog zouden geven voor de kansen die jij allemaal krijgt.'

'Bla, bla, bla,' mompel ik en loop zonder verder iets te zeggen richting de coulissen. Na de voorstelling spoeden we ons naar de bus. In Amsterdam maak ik mijn fiets los en trap hard naar het huis van Carice.

'Ik ga me laten omscholen,' zeg ik als ik binnenkom.

'Mooi plan.'

We drinken cola light en zitten op de grond tussen haar ontplofte koffers. Een uur lang klagen we rustig over werk, collega's, liefde, dromen, politiek, geld, zingeving, baby's baren en buitenlanden. Dan schenken we onze glazen nog eens vol en maken een paar flauwe grappen. Ik vertel haar dat het niet zo goed werkt dat ze zo lang niet in mijn buurt is. Natuurlijk begrijp ik dat ze rust nodig heeft en alles, maar door haar afwezigheid moeten anderen om me heen mijn gezwam aanhoren en dat valt niet altijd in goede aarde. Beter gezegd, dat valt helemaal niet in goede aarde.

'Blijf nou maar hier, dat is beter voor iedereen.'

Ze knikt, neemt een grote slok en loopt naar het aanrecht.

'Hier, een kookwekker. Dan kun je die tien minuten klagen strak timen. De rest schrijf je maar in een e-mail en die stuur je dan aan mij.' Dat vind ik een prachtig idee. We slapen samen in haar bed om morgen op te staan en weer afscheid te nemen.

# Praalziek

Heb je dat ook wel eens, dat je in een grote zwarte auto zit en weet dat er binnen afzienbare tijd een moment aanbreekt waarop je uit zal moeten stappen? En dat juist door deze wetenschap de bank nog zachter voelt, de banden nog soepeler over het asfalt rollen en je hoofd nog dieper wegzakt in het lichaam dat naast je zit? Heb je dat ook wel eens, dat je iets doet waarvoor je je een beetje schaamt, maar dat die schaamte te dragen is omdat je jezelf ervan overtuigd hebt dat het in wezen helemaal niet gênant is, dat het nu eenmaal onderdeel is van je werk? Maar dat er dan een korte opmerking van die ander klinkt die je binnen vijf seconden in een kilometersdiepe afgrond doet belanden waar niets anders voelbaar is dan zelfhaat en onzekerheid?

Heb je dat ook wel eens, dat je ondanks de kou een kort jurkje aantrekt met netkousen, zonder jas, want die laat je achter in die warme auto waar je zo-even nog behaaglijk in verstopt zat? En dat je dan in dat kleine lapje stof over een rood stuk vloerbedekking loopt in de hoop dat niemand je te lang aan de praat zal houden uit angst je bewustzijn te verliezen? Heb je dat ook wel eens, dat iedereen om je heen je bemoedigend aanspoort om ervan te genieten, terwijl je alleen maar naar huis wilt omdat je hart bonkt en je oksel zweet? Heb je dat ook wel eens, dat je naar een hand grijpt om steun te zoeken, maar dat die koud en bewegingsloos in de jouwe ligt? Heb je dat ook wel eens, dat een avond waar je vroeger van droomde aan je voorbijgaat als in een kwade roes, onrustig en gespannen zonder dat je een minuut hebt stilgestaan bij de doelen die zijn bereikt, de dromen die zijn verwezenlijkt? Heb je dat ook wel eens, dat je wacht tot alle mensen de zaal uit zijn en je in een hoekje naast je zus op een bioscoopstoel zit? En dat ze dan zegt dat je lijf trilt en dat je je moet ontspannen? Heb je dat ook wel eens, dat je bang bent voor de vragen die de journalisten aan je stellen omdat het telkens dezelfde zijn over jaloezie en je uiterlijk en je niet weet wat je moet zeggen? Heb je dat ook wel eens, dat je blij bent dat je je moeder ziet die een glaasje te veel op heeft en grappen maakt, waardoor je weer tot jezelf komt en even niet met vreemden hoeft te communiceren? Heb jij dat ook wel eens, dat je een lelijke vrouw moet spelen en dat dat voor iedereen een aanleiding is om een oordeel te vellen over je verschijning: niet lelijk genoeg en dus ongeloofwaardig, of juist vol medelijden naar je kijkt omdat ze hebben besloten dat het toch wel zielig is dat je voor zo'n personage gecast bent? Heb je dat ook wel eens, dat je complimenten van mensen niet als prettig ervaart, maar dat je ongemakkelijk heen en weer wipt van je ene op je andere been terwijl je in je hoofd ontsnappingsroutes bedenkt uit een gebouw waar je je in opgesloten voelt?

Ik ga me inschrijven voor een cursus genieten. Misschien is er ergens een oude boer in Frankrijk die lessen geeft in dankbaarheid, relativering en plezier hebben. Maakt niet uit wat het kost, ik ben van de partij.

# Netwerken op commando

Als ik aankom in Berlijn heb ik twee uur geslapen omdat ik de avond ervoor nog in Tilburg het Topstuk *Rouw siert Electra* stond op te voeren. Van bus naar bed, van taxi naar vliegtuig, van gesponsorde sportauto naar café in Berlijn, waar we met vijfentwintig Shooting Stars aan tafeltjes zitten, omringd door verschillende dames en heren van castingbureaus uit de hele wereld. Juist dit onderdeel van het driedaagse programma is het enige onderdeel waar je als acteur iets aan zou kunnen hebben. Voor de rest moeten we vooral veel handjes schudden, interviews geven, als apen over podia paraderen en poseren voor de internationale pers. Maar juist nu ben ik duizeliger, uitgeputter en slapper dan ooit. Gelukkig is daar mijn agent om mijn honneurs waar te nemen terwijl ik me verstop in de wc om te bedenken hoe ik zo snel mogelijk weg kan komen uit deze ultieme nachtmerrie: een te kleine, te warme ruimte met vijfentwintig hongerige, jonge acteurs en veertig casting directors die over elkaar heen kruipen als mieren op een grote hoop en proberen te communiceren tegen beter weten in.

Ik haat dit, ik kan dit niet, netwerken op commando. Of ja, misschien kan ik het wel, maar niet als ik de vermoeidheidsdood nabij ben en zeebenen heb die weigeren langer dan een seconde op dezelfde plek te blijven staan. De mierenhoop lijkt te groeien en de over elkaar heen buitelende insecten grommen en kwetteren luider en luider. Oorverdovend klinkt het lawaai in mijn oren. Ik wil dit niet, ik had thuis moeten blijven, genietend van mijn twee dagen vrij, op de bank voor de tv met chips en boterhammen pindakaas.

Na de mislukte poging om mij te verzekeren van een internationale carrière, worden we in de auto's geladen voor de eerste fotoshoot. Hierna is het de bedoeling dat we een discussie bijwonen over auditeren, maar ik weet de dans te ontspringen. Ik verzeker mijn chauffeur dat ik toestemming heb om naar het hotel te gaan en te gaan slapen. De kamer is enorm, het bad is ruim, het bed is breed: ik zak weg in de kussens en ben vertrokken. Een paar uur later verzamelen we in de lobby. Mijn vierentwintig collega-'stars' zijn eigenlijk allemaal aardig behalve de Franse, die roept voortdurend dat ze allang een ster is en dat ze de hele gang van zaken 'stupid' vindt. Na een tweede fotosessie met Jeff Goldblum in ons midden, houdt de Française het voor gezien en trekt haar eigen plan. De drieëntwintig anderen en ik houden vol en leren elkaar beter kennen. Nu ik even geslapen heb, voel ik me beter. Ik begin plezier te krijgen in de ontmoeting met mijn leeftijdsgenoten uit andere landen, die blijkbaar allemaal gelijksoortige levens hebben als ik.

We klagen over dezelfde zaken, we delen dezelfde idealen en dromen dezelfde dromen. Voor we echter goed en wel zijn begonnen aan een gesprek, worden we alweer aan onze jurkjes en jasjes getrokken voor de volgende party, receptie of speech van een of andere belangrijke minister of filmbons. Het Italiaanse meisje, dat ik ken van het prachtige *La meglio gioventù*, spreekt mij het meest aan. Ze gedraagt zich vreemd en onvoorspelbaar, spreekt zeer gebrekkig Engels en beweegt vooral woest met haar handen en armen als ze me iets duidelijk wil maken. Ik voel me onmiddellijk bij haar op mijn gemak. Met een blik van twijfel en nieuwsgierigheid bekijkt ze de gang van zaken. We besluiten samen het feest vroegtijdig te verlaten en ons te begeven naar de bar van het hotel.

# Shooting Stars

In Berlijn ben ik samen met een groot aantal andere acteurs uit verschillende landen uitgenodigd om het filmfestival bij te wonen. Ze noemen ons Shooting Stars: Europese filmsterren die hier op dit internationale festival gelanceerd zullen worden ter promotie van de industrie, Europa en de film. Ik heb contact gemaakt met de Italiaanse Shooting Star. Ze is vijfentwintig lentes jong en mooi op een vreemde, afwijkende manier. Hoewel ik haar nauwelijks kan verstaan, maak ik op uit haar manier van bewegen, haar blikken, haar reacties op de gebeurtenissen, dat ze intelligent is en beschikt over een gezonde dosis zelfspot.

Er zijn feestjes voor ons georganiseerd op rare locaties waar wij volgens de organisatie de kans krijgen te praten met de belangrijkste producenten, regisseurs en agenten van dit moment. Dat klinkt allemaal leuk en aardig, maar feit is dat het hier om een gigantische ruimte gaat waar ongeveer duizend mensen staan te drinken, dansen, lachen en communiceren en dat wij, de drieëntwintig 'jonge' acteurs die zijn komen opdraven, geen idee hebben wie wie is en wat we hier precies moeten doen.

Wat rest is een goed gesprek met elkaar, achterover liggend op een groot, rond bed in het midden van de prachtige feestzaal. Hier worden op plasmaschermen seksscènes uit beroemde films vertoond. De alcohol vloeit rijkelijk en onze praatjes worden steeds luider en schunniger. Ondanks het gevoel dat we een soort 'Veronica komt naar je toe deze zomer'-meisjes zijn die vooral vrolijk en jong over podia moeten rennen en belangrijke politici handjes moeten geven, begin ik steeds meer in te zien dat dit een bijzonder evenement is om bij te mogen wonen. Niet omdat er voor ons een internationale carrière in het verschiet ligt, maar omdat het ongelooflijk inspirerend is informatie uit te wisselen met mensen uit andere culturen die hetzelfde beroep uitoefenen als jij. De jongen uit Finland, het meisje uit Roemenië... Er komen van alle kanten verhalen los over omstandigheden die soms erbarmelijk, en soms juist veel luxer zijn dan je eigen situatie. Die omstandigheden wijken op een bepaalde manier af en op een andere wijze komen ze overeen met alles wat ik dagelijks meemaak.

De volgende dag krijgen we een prijs. Het is mij nog steeds niet helemaal duidelijk waarom ons deze eer te beurt valt, maar ik denk dat ze willen zeggen: 'Jullie zijn goed bezig, ga zo door en het zou leuk zijn als er meer wordt samengewerkt tussen de landen van Europa, dus we geven jullie schietsterren een prijs zodat jullie wat aantrekkelijker worden voor de internationale markt.'

Niemand minder dan Judi Dench en Cate Blanchett zijn uit de kast gehaald om ons de gipsen gouden ster op een steel te overhandigen.

Voor de eerste acteur het podium betreedt, geeft oude rot in het vak Judi ons een advies: 'Werk hard, wees nooit moe en doe je best, want er staan altijd minstens tien mensen achter je om je plaats in te nemen.' Een beetje beduusd van deze angstige woorden uit de mond van een vrouw die ik al jaren bewonder, neem ik het beeldje in ontvangst. Ik voel me vereerd met de zachte kus die de oogverblindende Cate op mijn wang drukt. Toch wel indrukwekkend hoe de organisatie deze operatie zonder blikken of blozen uitvoert, deze tweeënhalve dag vol afspraken, partijen, recepties, ontmoetingen en persmomenten. Met een aardig woord voor iedereen hebben ze de boel in goede banen weten te leiden. Met een lijst e-mailadressen in mijn tas en een Italiaanse vriendin rijker, keer ik terug naar Nederland.

# Voorschot op verdriet

Als je weet dat iets voorbij is, maar je niet de moed hebt om er afscheid van te nemen. Dat moment doet zo'n pijn, dat je bijna een mes uit de la zou halen om het eens lekker uit je te snijden. Nooit eerder wilde ik iets zo graag, dat zo onmogelijk was. Of wilde ik het zo graag omdát het zo onmogelijk was. Hoe komt het toch dat als je probeert te praten of te schrijven over afscheid en verlangen, er zich onherroepelijke clichégedachten meester maken van je pen of mond? Waar is de man of vrouw die mij gaat vertellen welke keuzes ik moet maken, die zegt: 'Het is nu even moeilijk, hou maar vol, want er is licht achter die zwarte bergen'? Waar is het teken van hogerhand dat me doet inzien welk pad het juiste is? Waar zijn de troostengelen, de zachte zakdoekhanden die mijn tranen drogen?

Allener dan alleen en banger dan bang probeer ik me overeind te houden. Dat wat je niet doodmaakt, maakt je sterker, prevel ik als een mantra. Ik betrap mezelf erop dat ik in mijn hoofd lijstjes maak van beroemde mensen die het ook moeilijk hebben en eenzaam zijn en alleen. Alsof dat iets helpt, alsof mijn pathetische lijden daarmee verlicht wordt. Vervolgens probeer ik beelden op te roepen van hongerige kinderen, mishandelde moeders, oorlogsslachtoffers en verminkte gezichten. Deze poging tot relativering van mijn leed maakt alles alleen maar erger, omdat mijn zelfhaat nu een niet te temmen vorm heeft aangenomen. Hoe kan ik zo veel pijn hebben, terwijl er mensen zijn die daadwerkelijk reden hebben om te huilen, maar toch hun hoofd opgeheven houden, hun kin recht, hun borst vooruit? Ik zwelg in zelfmedelijden.

Mijn blik valt op een grote zilveren beker in de hoek van mijn kamer. Mijn vriend Roy heeft het Leids Cabaret Festival gewonnen, zowel de jury- als de publieksprijs, dat geeft toch enkel reden tot juichen? Nooit eerder zag ik hem zo, zoals die avond van de finale, op dat podium, zo dicht bij zichzelf en als een vis in het water. Na de overwinning is hij platgebeld door de pers uit Nederland en België. Hij heeft een impresariaat, een doel, een kans.

Ik zit hier te kniezen in het huis van mijn beste vriendinnetje dat al maanden in Verweggistan woont en misschien wel nooit weeromkomt en ik vind mezelf zielig en zinloos en kansarm. Is het omdat ik ongesteld moet worden? Is het omdat ik in therapie moet? Is het omdat ik in mijn eentje naar Nepal moet om daar een of andere berg te beklimmen die mij een of ander inzicht geeft?

Het is het wachten. Het is het moment voor de keuze die ik almaar uitstel omdat ik afscheid nemen vreselijk vind. Het is de stilte voor de storm. Het is een voorschot op het verdriet dat straks gaat komen. Een indekken, een buffer van pijn die het uitzwaaimoment misschien verzacht. Niet erg origineel en authentiek, maar daarom niet minder vervelend. Ik geef er maar aan toe, en over een paar maanden of weken ben ik weer mijn vrolijke oude zelf, dat beloof ik. Want zo gaat dat: tijd heelt alle wonden, hoe banaal ze ook zijn.

# Liedjes en ranzige verhalen

Topstukken. Dat zijn speciale stukken. Stukken die door een commissie zijn gekozen om een speciale tournee te doen met speciale routes, langs speciale steden. We verzamelen ons in de vroege middag aan de Marnixstraat tegenover café Cox in Amsterdam, vanwaar onze bus vertrekt op weg naar een theater ergens in het land. Wij spelen niet één keer in Leeuwarden, Eindhoven, Arnhem of Utrecht, maar de hele week. Dat betekent dat we er mogen overnachten als de reis te veel tijd in beslag neemt en het dus eigenlijk niet meer de moeite is 's avonds nog helemaal naar huis te gaan. Er zijn dan speciale hotels voor ons geregeld en speciale kamers met een speciale late uitchecktijd, zodat wij niet als een kudde verloren schapen door de ons onbekende stad hoeven te banjeren tot het tijd is om opnieuw het podium te betreden, maar nog de hele middag in ons bed kunnen liggen en tv kunnen kijken.

In de bus is het soms aangenaam lawaaierig, soms stil, soms zegt onze chauffeur Ron iets over de streek waar we doorheen rijden, soms zingen we liedjes of vertellen we elkaar ranzige verhalen. Af en toe vreten wij elkaar op van irritatie, zo nu en dan storten wij ons hart uit, we zijn elkaars beste vriend en elkaars ergste nachtmerrie. Elf weken op de lip zitten van je medespelers is niet niks. De routine van de voorstelling, de bus, het samen eten, de sigarettenpauzes, de kleedkamers, de schouwburgdirecteuren, de publiekscijfers, de vermoeidheid; je moet van goeden huize komen wil je zonder kleerscheuren uit een topstukkentournee komen. Gelukkig spelen wij *Rouw siert Electra*. Een voorstelling die Ivo (van Hove) zo kundig heeft geregisseerd dat we toch elke avond blij zijn erin te mogen spelen. Af en toe heeft iemand een verspreking of krijgen we de slappe lach. Soms staan we gespannen aanwijzingen naar elkaar te fluisteren vanachter de coulissen. Meestal gaan de discussies over tempo. Het stuk wordt in Ivo's regie gespeeld als een versnelde film en zodra iemand het af laat weten door te veel pauzes te nemen of zonder energie te spreken, is de magie weg. We pogen elke avond iets nieuws te vinden, elkaar te verrassen met een klein gebaar, een andere blik, een vreemde beweging. Zo houden we elkaar scherp. Het is niet altijd makkelijk de emoties op te roepen die gepaard gaan met de teksten. We zien elkaars paniek als de tranen niet komen, of als de woede achterwege blijft, we horen elkaar een lach oproepen die er mechanisch en ongeloofwaardig uitbuldert. Toneelspelen kan een heuse marteling zijn als je het niet voor elkaar krijgt naar de ander te luisteren, samen te spelen, in het moment te zijn. Avond aan avond zijn we weer verbaasd over de reacties van ons publiek. Ze lijken geen genoeg te kunnen krijgen van de belevenissen van de familie Mannon. Zelfs als wij het gedurende de avond hebben opgegeven omdat de mensen in de zaal niet leken te reageren op onze grappen, op onze zogenaamd ontroerende momenten, blijkt telkens weer dat ze er toch enorm van genoten hebben en juichen ze ons bij het applaus hartelijk toe. Je zou denken dat we wel wat meer vertrouwen zouden kunnen ontwikkelen na tweeëndertig voorstellingen, maar het gekke is dat we de volgende dag weer met dezelfde angst, stress en onzekerheden het toneel betreden. Misschien kan dat niet anders, misschien hebben we de spanning nodig om ons in een gemoedstoestand te dwingen die past bij het verhaal dat verteld moet worden.

We moeten nog negentien voorstellingen spelen. We mógen nog negentien voorstellingen spelen. Aan het eind van het stuk sta ik vooraan op het toneel en spreek de toeschouwers direct aan. Mijn laatste zin is: 'En gooi alle bloemen weg.'

Ondanks de zwaarte van de tour en het altijd op de loer liggende gevaar van de routine weet ik zeker dat ik een echte traan zal wegpinken als ik dit voor de allerlaatste keer uitspreek.

# Een gestileerde vagina is niets anders dan een schooluniform

Heb je wel eens op je rug in bed gelegen, benen wijd met een spiegel in je hand om te kijken of je wel normaal bent? En heb je je toen afgevraagd of het allemaal wel netjes op z'n plek zit daarbeneden, zodat je zeker weet dat je je niet hoeft te schamen, mocht een manspersoon op het idee komen met zijn vingers, of erger nog, met zijn lippen en tong de boel daar te beroeren?

In Los Angeles heeft een dokter de oplossing gevonden voor alle vrouwelijke angsten over haar meest intieme lichaamsdeel. Hij heeft een site waarop plaatjes te zien zijn van Barbie-achtige vagina's uit de *Playboy* en beweert dat wij allemaal recht hebben op zo'n onderkant: een gladde, zachte, opgekuiste, kalere versie van de realiteit.

Vrouwelijke geslachtsorganen kunnen een rommelig karakter hebben, beweert hij. Middels nieuwe technieken zijn we nu in staat iedere vrouw, ongeacht leeftijd of hoeveelheid gebaarde kinderen, een esthetisch verantwoorde opening te geven. Bovendien kan hij het zaakje strakker en boller, dunner of voller, kleiner of juist groter maken, al naar gelang de wens van de klant. Ook is hij in staat het maagdenvlies weer te herstellen, kan hij de clitoris verkleinen, de G-spot inspuiten met collageen of de venusheuvel gladstrijken. Hij schroomt niet om de binnenste schaamlippen te halveren, de hele vaginawand te verstrakken, overtollige huid te verwijderen, de baarmoedermond te liften en ga zo maar door. Alle verlangens kunnen bij deze dokter worden ingewilligd, het is maar net hoeveel dollars je ervoor overhebt.

Wat me vooral opvalt, is dat alle 'after'-foto's, na de *laser the-*

*rapy*, er exact hetzelfde uitzien. Je kunt het ene kutje nauwelijks nog onderscheiden van het andere. Terwijl op de 'before'-foto's de meest uiteenlopende vormen, kleuren en verhoudingen zijn vastgelegd, kan de man nadat zijn partner is geopereerd niet meer zien welke van de gefotografeerde vagina's aan zijn vrouw toebehoort. Het zijn allemaal opgepoetste babypoesjes: clean, klinisch, braaf en tam.

Maar is dat niet precies wat wij willen? Allemaal 'normaal' zijn, niet afwijken, in godsnaam niet anders zijn dan de anderen. Als het mogelijk was een permanente luchtverfrisser of airconditioning te laten installeren, zouden we daar waarschijnlijk ook meteen voor tekenen. Wanneer iedereen hetzelfde is, hoeven we ons nergens meer voor te schamen, want dan kunnen we nooit tegenvallen. Eigenlijk is een gestileerde vagina niets anders dan een schooluniform. Je kunt ertegen zijn, omdat het kinderen het recht ontneemt zich te kleden zoals ze zelf willen, maar het voorkomt een hoop onzekerheid en schaamte over er wel of niet bij horen, of wel of niet de juiste trui bezitten. Als alle vrouwen hetzelfde kutje hebben, hoeven ze nooit meer in paniek te raken als de man zich langzaam een weg naar beneden baant in een felverlichte kamer.

Het menselijke lichaam als ikea-bouwpakket: je krijgt een doos onderdelen mee van God, en je kunt de boel zelf in elkaar zetten en *costumizen* tot je erbij neervalt. Je zou denken dat mensen de drang hebben zichzelf te onderscheiden van de massa. Dat ze, wanneer ze de kans krijgen, zouden zoeken naar het meest unieke voorkomen. Het tegendeel is waar. We hunkeren er blijkbaar naar er hetzelfde uit te zien als de rest. We willen er in elk geval uitzien zoals een vrouw van deze tijd eruit hóórt te zien: een glad, rimpelloos projectievlak, waar niets persoonlijks aan valt af te lezen. Geen leeftijd, geen geschiedenis, geen karakter. Een gefotoshopte versie van de realiteit. Wat een opluchting. Eindelijk de schaamte voorbij.

# Mijn zus

Mijn zus is al maanden in Australië. Ik woon in haar huis. Omdat ik haar meubels, pannen, bad, bed en geur gebruik alsof ze de mijne zijn, mis ik haar niet. Ze is voortdurend om me heen. Eigenlijk weet ik niet beter. Toen ik geboren werd, bestond zij al. Ik ken de wereld niet goed zonder mijn zus. Alles heb ik altijd dicht bij haar en samen met haar beleefd. Door haar ogen bekeek ik de dingen om mij heen. Door haar oren hoorde ik de geluiden die de wereld produceert. Zij gaf alles een naam, leerde mij dat een stam met takken een boom is, een dak en muren een huis en een lijf met vier poten onze kat.

Er is ook niemand zo op dezelfde manier grootgebracht als ik. Mijn kleine zusje werd vijf jaar later geboren en heeft een totaal andere biografie dan wij. Met niemand anders deel ik mijn verleden zo intens als met Leonora. En toch zijn we verschillend. Ik ben slordig, zij niet. Ik kom altijd te laat, zij op tijd. Ik ben ontrouw, zij attent, loyaal en ruimhartig. Ik werk bijna altijd en hou er een armoedig privéleven op na, zij heeft een bloeiend gezin en werkt ook nog eens voor de universiteit. Ik ben bang voor alles, Leonora deinst nergens voor terug. Zij wil altijd slapen, ik wil altijd wakker blijven. Ik rook, zij is gestopt. Zij woont in een prachtig huis in de Jordaan, ik zwerf rond met Albert Heijn-tassen vol spullen. Zij heeft een Britse man, ik een Belgische vriend. Al haar papieren zijn op orde, bij mij is het een grote administratieve chaos. Zij heeft een huishouden gecreëerd dat diametraal staat tegenover het ouderlijke huishouden, ik heb een huishouden gecreëerd dat nog een stuk rommeliger is dan toen we nog bij onze vader en moeder woonden.

Ondanks de verschillen, lijken we op elkaar. Niet wat betreft uiterlijke trekken. Niemand begrijpt dat we zussen zijn. Esther en mij houden mensen nauwelijks uit elkaar, Leonora wordt zelden herkend als een derde van de drie gezusters. Maar wij delen bijvoorbeeld een liefde voor kleding, voor duur en mooi en deftig. Alles wat we vroeger aan plastic speelgoed hebben moeten ontberen, compenseren we dagelijks met dure jurken, roze stoelen, Chanel-lippenstiften en honderden modebladen die we op stapels bewaren op de zolder van haar huis. We zouden graag eens op vakantie gaan naar de Malediven om daar op het strand te liggen, terwijl de ober ons bedient. We moeten nog steeds onze vakanties op de natuurcamping van Molkwerum in Friesland verwerken, en ons drie weken lange verblijf op een boerderij in de Vogezen waar we op zoek gingen naar jongens om mee te tongen maar niet verder kwamen dan vriendschap met een plaatselijke geit… Wij schuwen decadentie niet, wij streven ernaar. Hoe meer luxe, hoe veiliger we ons voelen.

Ook voeren we lange gesprekken. Als onze ouders ons één ding hebben meegegeven, is het communiceren middels woord en gebaar. Maar vooral middels woord. We analyseren alles, we benoemen, beschouwen, filosoferen, roddelen, bezweren en bespreken werkelijk ieder akkefietje dat zich voordoet in onze levens. En nu ik min of meer haar bestaan heb overgenomen door in haar bed te slapen, van haar bord te eten en op haar stoel te zitten, maar haar lijfelijke aanwezigheid moet missen en ook haar stem die door het tijdsverschil maar moeilijk aan de telefoon te krijgen is niet meer tot mij spreekt, realiseer ik me dat ik haar wel mis. Ik mis haar oren en mond. Ik krop van alles op, ik ventileer niet meer. Ze moet naar huis komen om met mij te communiceren, om mijn verlengstuk te zijn, om naar mij te luisteren en aan mij te vertellen, mijn lieve zus, mijn metgezel op dit gekke levenspad.

# Première 2

De laatste etappe van de *Zwartboek*-tour: Berlijn. In deze stad hebben we nog één keer een première. Daarna nemen we voorgoed afscheid van een prachtig avontuur. Heel anders dan in Nederland, is in Berlijn alles tot in de puntjes geregeld. Prachtige grote hotelkamers met heerlijke hapjes, flatscreenbeeldschermen met films op commando, de mogelijkheid te badderen in bubbels en cadeautjes met strikjes – kortom, het betere bestaan.

Om zes uur hijsen we ons en groupe in onze pakken, om gewapend met glazen champagne een zwarte wagen in te worden geduwd. Vervolgens paraderen we als aapjes voor de flitsende apparaten. Met Paul Verhoeven aan je zijde is dat veel makkelijker dan in je eentje. Zijn tactiek is om zijn armen te spreiden en vol overgave de opdrachten uit te voeren die de brutale fotografen ons toeschreeuwen. Wij volgen zijn voorbeeld en trekken onze gezichten gehoorzaam in vreemde grimassen, en huppelen gearmd over de rode loper.

Binnen is het warm, de bioscoop zit vol. Meteen na de start van de film rent een van de ijverige Duitse meisjes naar mijn stoel om te vragen of ik misschien de zaal uit wil. Ik knik opgelucht, omdat ik de film nu toch wel zo'n slordige negenhonderd keer heb gezien. De rest van de càààààààààst (zoals Paul acteurs placht te noemen) blijft geboeid naar het scherm staren. In mijn eentje verlaat ik het theater om terug te racen naar het hotel, zodat ik optimaal kan genieten van de prachtige kamer. Ik gebruik elk zeepje, ik neem een douche, een bad, kam mijn haar met de hotelborstel, kijk eerst naar de ene tv, dan naar de andere, ik bestel roomservice, zit op de bank, lig in het bed, kijk uit het raam, lees de brochure en surf draadloos op het web, totdat het tijd is om terug te gaan en me weer in het bekende feestgedruis te storten. Ons wacht nog een diner in een aangenaam restaurant, waar we bijpraten en verder praten en doorpraten. Daarna volgt nog wat drank.

Ik besluit een dag langer te blijven. Ook dat is geen probleem. De Duitsers zijn vriendelijker dan ze in welk ander land ook voor mij geweest zijn. Tickets worden verlengd, kamers geboekt. Ik krijg zomaar gratis en voor niets een extra hoeveelheid tijd om mij in de rol van verwende prinses uit te leven in deze vreemde stad.

De volgende dag dient er met haast in de hielen gewinkeld te worden. Misschien omdat ik de laatste weken niet helemaal goed in mijn vel zit, is het nu noodzakelijk mijn lijf in dure jurken te hijsen die comfortabeler vallen dan mijn eigen huid. Ondanks de verleiding, weersta ik de kassa en hang ik alles weer netjes terug aan het rek.

Carice en ik consumeren nog het een en ander in een authentiek Berlijns café. Dan beginnen de uren te tellen en weet ik dat ik snel weer in Assepoester zal veranderen. Niet lang nadat we door de piloot in de cockpit werden onthaald, landen we op Nederlandse bodem. Ik lever mijn kroontje in en kus *Zwartboek* vaarwel. Wat een leuke droom was het!

# Polo

Op de laatste draaidag van *De prins en het meisje* rijden we in een busje over een zandweg met diepe kuilen. We gaan naar een stuk land dat toebehoort aan een van de rijkste families van Brabant. De zoon van een vermogend man organiseert een polo-toernooi, compleet met scheidsrechter, Argentijnse professionals, dure tenten, Gooise meisjes, jachthonden, rubberlaarzen van Burberry en ten minste tien gigantische vrachtwagens vol paardenspullen, personeel en de dieren zelf.

Ik kijk mijn ogen uit. Al vanaf jonge leeftijd ben ik gefascineerd door de rijken der aarde, met hun natuurlijke arrogantie en overschot aan zelfvertrouwen. De dunne vrouwen met hun bruine hoofden – hun glanzende haren nonchalant verpakt in elastiek of klem – zijn altijd het onderwerp geweest van mijn afgunst. De *Kinderen voor Kinderen*-r en de vanzelfsprekendheid waarmee ze de wereld om zich heen bekijken, maken mij onzeker en begerig tegelijk. Ik weet: het is allemaal schijn. Ze zullen achter de gesloten deuren van hun reusachtige villa's vast ook best eens ongelukkig zijn, maar voor mij representeren deze mensen veiligheid, zekerheid, kracht en een onbereikbare vorm van ergens bij horen.

In mijn protserige kostuum voel ik me een opgedirkte cliniclown. In niets lijk ik op de daadwerkelijke mensen van goede komaf die in hun groene waxjassen en afgetrapte leren laarzen juist niet pronken met de veren die ze al hun hele leven dragen. Hoe we ook ons best hebben gedaan dit milieu na te bootsen, nu we 'ze' van dichtbij kunnen aanschouwen, blijkt onze poging niet helemaal geslaagd. Tonnen kost dit wedstrijdje polo dat bijna ongemerkt gespeeld wordt op het groene weiland, terwijl men champagne drinkt en de poffertjes naar binnen werkt die de kok voor ons bakt. 'Het is een dure hobby,' lacht een vrouw met witte tanden.

We proberen shots te maken zonder het publiek, de paarden en de spelers voor de voeten te lopen. Tussendoor hang ik aan de lippen van de 23-jarige zoon, die, behalve dat hij de organisator is van het geheel, ook nog eens vloeiend Spaans spreekt met 'zijn' team. Hij is knap zoals alleen jongetjes met geld knap zijn. Een echt alfa-aapje, welbespraakt, slim, onbevangen, stoer, sportief en met een zelfbeeld waar Brad Pitt nog een puntje aan zou kunnen zuigen. De mooie Gooise meisjes zitten verveeld met hun Chanel-tassen, vale spijkerbroeken en petieterige lijven aan de kant. Ze schenken weinig aandacht aan onze acteerprestaties, ze hebben alles al gezien en zijn van niets meer onder de indruk. Heerlijk lijkt me dat. Een mannetje van vijftien met blonde krullen betreedt het veld en hijst zich op een raspaard. Pa en ma werpen af en toe een blik op hun nakomeling die als een prins over het gras galoppeert. Zijn broertje van amper acht vertrouwt mij toe binnenkort ook aan een polotraining te beginnen. 'Hoe dan? Op een shetlandpony zeker.' Hij kan er niet om lachen, hij is bloedserieus.

De rijken en ik; het zal wel nooit echt van de grond komen. Wat voor dure kleren ik ook koop, ik zie er altijd uit als een zwerver, hoe goed ik mijn haar ook kam, het is altijd pluizig en verward. Als we in onze bestelbus terugrijden naar Amsterdam geniet ik na van alle weelde en zelfvertrouwen, van de trots van oud geld en aangeboren luxe. Soms is het leuk om naar iets te verlangen waarvan je zeker weet dat je het nooit zult zijn.

# Valkyrie

De eerste draaidag. In alle vroegte word ik naar de set vervoerd. Normaal rij je samen met andere acteurs in een busje of ruime auto naar de werkplek, maar in Hollywood heeft iedereen zijn vaste *driver* die tevens dient als personal assistent en erop toeziet dat je favoriete drankjes klaarstaan en je stoel is voorverwarmd.

Aangekomen op de plaats van bestemming, doet de aanblik van de enorme hoeveelheid trailers, vrachtwagens, lichtzuilen en ander materiaal me blozen van de zenuwen. Dit is geen set – dit is een heuse stad. Overal krioelen mensen die druk bezig zijn met van alles. Ik word opgewacht door een productieassistent die mij, gedurende de opnames, overal in bijstaat. Starbucks heeft een tijdelijk filiaal neergezet en de catering maakt alles voor je klaar wat je maar kunt bedenken.

Mijn trailer is een luxe stacaravan met flatscreen, keuken, bed, bank en badkamer. Op het bureau staat een welkomstcadeau van Tiffany's: een zilveren klokje met VALKYRIE erin gegraveerd. Ik ben zo blij als een kind. Na een overheerlijk ontbijt – ik kan me plotseling niet meer voorstellen hoe ik het ooit heb uitgehouden op een Nederlandse set met een broodje kaas, buiten in de kou – mag ik naar de make-up.

In een andere caravan word ik onder handen genomen door de Britse Zoë die mij vakkundig omtovert tot een Tweede-Wereldoorlogsecretaresse. Dan komt de productieassistente binnen: 'TC would like to meet you in a few minutes. Don't be nervous, just relax, it's all going to be fine.' Ik probeer zo ontspannen mogelijk te reageren op deze mededeling, maar ondertussen verslik ik me in mijn koffie en proest bijna mijn witte blouse onder.

Er wordt geklopt en voor ik het goed en wel besef heeft iedereen de caravan verlaten zodat ik 'lekker even alleen kan zijn' met TC. Ik wil ze naroepen dat ik het prettiger vind als ze bij me in de buurt blijven, maar als ik me omdraai naar de deur, komt de man binnen die ik mijn hele jeugd heb bewonderd op het witte doek. Hij lacht zijn *million dollar smile*. Ik schud zijn hand en denk even dat ik flauw ga vallen. Meteen begrijp ik waarom deze man misschien wel de meest succesvolle acteur ooit is. Hij kijkt me diep in mijn ogen en begint totaal ontspannen te ratelen over *Zwartboek*. Tot in de details gaat hij in op scènes en momenten in de film die hem raakten. Hij zegt dat hij ongelooflijk onder de indruk was van het verhaal en vooral van mijn performance. Verlegen door zijn complimenten, probeer ik de eer door te schuiven naar mijn vriendin, die tenslotte de hoofdrol speelt, maar hij wil er niks van weten. 'You are so funny, so real, such a screen presence.'

Wat moet je daar nou op zeggen, denk ik koortsachtig. 'Ja, ik vond jou ook heel goed in *Mission: Impossible*?'

Hij omhelst me alsof we al jaren bevriend zijn en zegt dat hij dolblij is dat we samen gaan werken. Ik piep dat ik zenuwachtig ben over het typen. Meteen begint hij te bulderen van het lachen en verzekert me met zijn indringende blik dat het allemaal goed komt. En ik geloof hem. Ik geloof deze held, deze superman die met zijn gespierde torso en magnetische uitstraling tegen me aan staat en mijn hand in de zijne heeft.

# Muurtje slopen

Het is ongelooflijk. Een mijlpaal. Een onverwacht positieve wending in een ogenschijnlijk uitzichtloos verhaal. Een kabbelende zoektocht komt ten einde. Een moderne tragedie sluit vrolijk af. Een te groot kind wordt eindelijk volwassen.

Juichende menigten verdringen zich om felicitaties over te brengen. Vrienden moeten toegeven zich te hebben vergist. Een moeder roept dat ze het altijd heeft geweten. Kleren verheugen zich op een inloopkast. Bakstenen huiveren in stilte bij de komst van een nieuw leven dat ze bescherming moeten bieden. Het is waar; ik heb een huis gekocht. Nadat mijn kleine zusje Esther met twee katten en een hond haar intrek in mijn huurwoning in de Pijp had genomen, en ik zwervend tussen Antwerpen, de zolder van zus Leonora en het bed van Carice van gekkigheid niet meer wist wie ik was, laat staan waar al mijn spullen lagen, werd de situatie onleefbaar.

Een zoektocht van twee jaar met aan mijn zijde de immer volhardende makelaars van Van Vliet, leidde er dan toch toe dat er ergens in het centrum van Amsterdam een deur opening. Eén die ik na de overdracht elke avond achter me zal sluiten. Zoals wel vaker het geval is, ging het uiteindelijk heel snel. Maar het ene obstakel is nog niet overwonnen, of het volgende dient zich aan. Omdat ik een paar dingen wil veranderen in mijn nieuwe optrekje – een houten vloer, een bad, een wandje moet vervangen worden door twee deuren – zoek ik een betrouwbaar aannemersbedrijf. Omdat ik word overspoeld door nachtmerrieverhalen over gesprongen leidingen, incapabele illegalen en maffia-achtige bedreigingen, durf ik niet de Gouden Gids te pakken om met de natte vinger een telefoonnummer te kiezen. Wie helpt mij? Wie weet iemand te vinden die ouderwets eerlijk een paar klusjes kan doen in een gloednieuw huis? Zo moeilijk kan het toch niet zijn? Via via, mond-tot-mond, een tip, één enkel nummer? Maar ondanks mijn toch redelijk omvangrijke kennissenkring, heeft zich niemand gemeld met een duidelijke referentie. Moet ik dan zelf de hamer en bijtel ter hand gaan nemen? Ik vrees enigszins voor het resultaat. Bovendien zal ik me de komende weken concentreren op het vinden van tweedehands meubels, een bank, gordijnen, een bed, noem maar op – en kan ik dus niet tegelijkertijd een muur gaan slopen.

Het leven van een huiseigenaar gaat dus ook niet over rozen. En terwijl ik vol trots elke dag even door mijn nieuwe straat fiets (ik krijg pas in juli de sleutel), denk ik met weemoed terug aan de logeerpartijen bij Leonora en de band die ik heb opgebouwd met mijn nichtje Kate, aan de vriendschap met Carice die zich nog weer eens verdiept heeft en de lome dagen in Antwerpen, waar ik nu ieder terras op mijn duimpje ken. Zo heeft alles zijn voors en tegens. Onverantwoordelijk zwerven of volwassen voor anker gaan, hoe dan ook; het leven blijft zich duaal manifesteren. Momenten van geluk worden afgewisseld met momenten van paniek. Godzijdank hoeven we maar een willekeurige krant open te slaan om ons microscopische lijden te relativeren, en binnen enkele seconden van klagende amoebe te transformeren tot een dankbare en daadkrachtige burger van de westerse maatschappij.

Desalniettemin zou ik graag een aannemer tegen het robuuste lijf lopen die met tang en zaag aan mijn zijde wil staan. Zodat ik straks niet alleen vier muren heb maar ook nog een bad, vloer en inloopkast. Alstublieft meldt u zich snel lief aannemertje, en maak dan een schappelijke offerte, en lever mooi werk af, in het wit, dan krijgt u van mij een appeltaart.

# Licht en vrij

Vandaag krijg ik de sleutel van mijn huis. Met een fles champagne kom ik bij de notaris. De papieren worden op tafel gelegd,
pennen in mijn hand gedrukt en dan is het tekenen geblazen. Ik
probeer zo nu en dan een grap te maken, maar de grote notaris-
baas is er niet van gecharmeerd. Er doet zich nog een akkefietje
voor over openstaande rekeningen van de vorige eigenaar, maar
dat wordt middels een conference call opgelost. Dan kan ik de
gouden fles opentrekken: ik ben de trotse eigenaar van een huis!
Godzijdank heb ik via via via een fantastische aannemer gevonden die ook nog van zins is om de klus te klaren voordat de
bouwvak begint, dus er is absoluut reden tot feesten.

Ik spring achter op de scooter van mijn trouwe makelaar met
wie ik tweeënhalf jaar naar dit huis heb gezocht. We rijden samen
door de stad en halen herinneringen op aan alle huizen die we
bezichtigd hebben.

Als ik mijn nieuwe huis binnenkom, schijnt de zon door de
grote ramen van de woonkamer en ik maak een sprong van
blijdschap en angst: dit is van mij, deze muren, deze vloer, deze
deuren, deze douche. Ik begin enorme lijsten op te stellen van
de 'things' die ik allemaal moet doen. Het zijn er zo veel dat ze
niet op een A4'tje passen.

De volgende dag beginnen de bouwers met bouwen en ik vertrek met het vliegtuig naar München voor een opvoering van de
*Oresteia*. Nu ik aan het schrijven ben en even wat afstand heb
van de toneelspeelwereld, valt het me zwaar om de scripts met
de moeilijke Griekse teksten in te kijken en de zinnen weer mijn

hoofd in te duwen. Als ik aankom, blijkt er een vrolijke stemming te hangen bij de andere acteurs. We gaan de stad in alsof we morgen niet om tien uur 's ochtends aan een lange werkdag moeten beginnen. Met grote kannen bier in de hand hossen we door een Stube, waar gekke mannetjes in Tiroler outfits lelijke muziek produceren. Ik voel me licht en vrij en besluit dat deze tijd in München het beste schoolreisje wordt dat ik tot nu toe heb meegemaakt. Rond een uur of vier stort ik op mijn hotelbed en zet chagrijnig mijn wekker. Vierenhalf uur later neem ik met enorme wallen en een spons in mijn hoofd aan het ontbijt plaats.

Die avond spelen we een spannende voorstelling. Omdat we niet meer zeker zijn van onze teksten, hangt er een messcherpe concentratie. We kunnen niet anders dan samen spelen, omdat we het alleen niet redden. Het applaus na afloop is overweldigend. Dat schijnt heel normaal te zijn in Duitsland, dertig minuten klappen. Ik word er een beetje ongemakkelijk van en stel voor om na tien keer gebogen te hebben gewoon weg te blijven, maar we worden voor de elfde maal het toneel op geduwd en bukken nog een keer voor de enthousiaste zaal.

Weer maken we tot in de vroege uren München onveilig, dit keer in gezelschap van nieuwe Duitse vrienden. Ik ben oprecht gelukkig, vooral omdat ik weet dat ik nu misschien wel voor de zoveelste keer in een ander land ben en van allerlei onrustige avonturen beleef, maar straks, over een dag of twee, naar huis ga. Naar mĳn huis. In mijn buurtje. In Amsterdam. Eindelijk, eindelijk, thuis!

# Maagd

Ik heb wel eens een jaar geen seksueel contact gehad. Dat was helemaal geen vreemd gevoel. Ik denk dat ik het nauwelijks heb opgemerkt. Af en toe had ik wel behoefte om aangeraakt te worden, maar dan was een arm om mijn schouder van een vriendin meer dan genoeg. Ik heb wel eens overwogen een tijd in een klooster te gaan. Niet om met God te trouwen, zoals de echte non dat doet. Meer voor mijn rust en om mezelf te beschermen tegen alle verwachtingen die we nu eenmaal van onszelf hebben. Het leek me heel aanlokkelijk om met zo veel vrouwen bij elkaar te wonen die nooit hun seksualiteit konden botvieren op een medemens. Natuurlijk heeft die gedachte dan ook weer iets opwindends – wat misschien kinderachtig is en voorbijgaat aan het idee waarop het fundament van het klooster is gebouwd.

Ik heb een vriend van achtentwintig die nog nooit heeft gevreeën. Hij wil er niet over praten, maar natuurlijk denkt iedereen dat hij homo is. Ik denk van niet. Ik voel van niet. Hij ziet er prachtig uit. Een knap gezicht. Mooie handen. Meisjes bieden zich voortdurend aan. Hij durft niet. Hij heeft faalangst.

Toen ik achttien was, was ik nog maagd. Al mijn vriendinnen hadden al enorme ervaringen op dat gebied en ik was groener dan groen. Ik voelde me een onhandige giraffe met lelijke witte magere ledematen en een verkeerd geslacht. Mannen liepen aan me voorbij. Of wilden me wel kussen, maar het ging niet verder dan zijn tong in mijn mond. Ik wilde zó graag 'geplukt worden', zoals sommige slechte schrijvers het wel eens hebben genoemd, dat ik direct op mannen af stapte om te vragen of ze het bed met me wilden delen. Niemand werd enthousiast van mijn voorstellen. Elke keer als ik in de spiegel keek, werd ik lelijker, en mijn vriendinnen steeds mooier, voller en vrouwelijker. Ik begon te accepteren dat ik voor altijd zo zou blijven. Een mager, wit, onappetijtelijk 'jongetje', wonend in een klein appartementje, ergens in een buitenwijk, onsuccesvol, onbemind, verdrietig maar wel slim.

De druk om mijn maagdenvlies te laten doorboren werd ondraaglijk. Druk die ik mijzelf oplegde. Niemand maakte ooit een grap over mijn onaangeroerde lichaam. Niemand zei tegen mij dat het nu wel eens tijd werd. Maar ik voelde me alleen wanneer mijn vriendinnen dicht bij elkaar gingen zitten en details in elkaars oor fluisterden over de vorige nacht.

Pas nu, jaren later, vind ik het vreemd dat ik niet trots was op mijn maagdelijkheid. Voor vele mannen is het een natte droom om een jonge vrouw kennis te laten maken met het vleselijke genot. Bovendien zijn alle clichés waar. Je kunt jezelf beter bewaren voor een speciale man, dan de eerste de beste pipo uit de kroeg het werk te laten doen.

Uiteindelijk koos ik de broer van mijn vriendin. Hij wilde het klusje wel klaren. Het was een vreemde ervaring van bloed en pijn, maar ook grote triomf. Als een generaal na een zege, paradeerde ik door de straten. Jaren later kreeg ik een brief van de jongen: hij had zich gebruikt gevoeld als 'ontmaagdingsmachine'. Ik heb er spijt van. Veel liever was ik nog steeds maagd geweest. Dan was ik pas bijzonder. Dan vochten mannen om mijn hand en kon ik zedig voor mij uit kijken.

# Voor niks op de stoep

Langzaam begin ik te wennen in mijn nieuwe huis. Omdat de kledingkast nog niet klaar is en ook de boeken voorlopig geen plek hebben, blijven er verschillende onuitgepakte dozen in de logeerkamer staan. Maar de wasmachine wast, de droger droogt, de televisie staat tegenover de comfortabele bank en ik heb de keuken volledig ingericht met nieuwe apparaten, borden en pannen.

Lampen zijn nog een probleem en als ik ze al heb, weet ik niet hoe ik ze op moet hangen zonder geëlektrocuteerd te worden. Ik heb allerlei plattegronden uitgetekend van wat waar zou kunnen staan en me dagen beziggehouden met het verschuiven van banken, tafels, kastjes en stoelen. Nu verkeer ik in de angst dat alles zo blijft zoals het op dit moment is. Dat ik over tien jaar wakker word en nog steeds geen licht in mijn slaapkamer heb, dat er nog steeds tien dozen met boeken in de gang staan waar ik over struikel.

Het grote voordeel van een thuis is al wel voelbaar. Toen ik gisteren uit het vliegtuig uit Berlijn stapte en met een te zware koffer Schiphol verliet, ging ik op weg naar een veilige haven in plaats van een onzeker logeerbestaan. Meteen ontspanden mijn spieren zich toen ik de sleutel in het slot stak, de deur opende en de frisse geur van mijn eigen onderkomen rook. Ik kan niet wachten tot ik straks weer vertrek naar de set van *Valkyrie* (of *Rubicon*, zoals de film nu geloof ik heet), omdat ik weet dat ik daarna de sensatie van thuiskomen weer zal mogen ervaren.

De maandenlange zoektocht naar meubels heeft zich uitbetaald. Voor € 90 vonden we een rood art-decobankje ergens in de buurt van Amsterdam, waar ik nu mijn vrije uren op doorbreng, starend uit het raam. Wat kan mij nu nog raken? De onrust van mijn werk, het heen en weer gevlieg naar de verschillende projecten, mijn vriend ver weg in België; het doet er niet meer toe, want ik heb voor mezelf een nest gebouwd. Ik heb al mijn papieren, al mijn kleren, al mijn foto's, dagboeken en frutsels nu op een plek ergens in het centrum van Amsterdam. Mijn kleine huis in de wijk de Pijp, waar mijn zus een tijdje geleden al was ingetrokken, behoort definitief tot het verleden. Een week lang heb ik me er opgesloten om me door tien jaar brieven, knipsels en oude scripts heen te werken. Ik liet een rij van vuilniszakken achter in mijn oude straat. Alle dingen die ik niet meer nodig had maar nog wel in orde waren, heb ik buiten opgesteld om gratis mee te laten nemen. Dat leverde fantastische taferelen op van ontroerde zwervers tot hebberige kinderen. Mensen belden aan om me te vertellen dat ze het een goed initiatief vonden. 'Dingen zomaar weggeven, dat zie je niet vaak meer.' Het lezen van alle zelfhulpboeken en het aanschaffen van de dvd-boxen van Oprah Winfrey en Eckhart *The Power of Now* Tolle hebben in ieder geval tot iets geleid: omdat ik te lui ben om naar het Leger des Heils te rijden, of vriendinnen te bellen die misschien nog wel een paar schoenen kunnen gebruiken, zet ik onder het mom van naastenliefde mijn hebben en houden voor niks op de stoep.

Als ik vanavond thuiskom, neem ik mijn dankbaarheidsboek in de hand en krabbel neer dat het toch mooi is aan het leven, dat zelfs een daad uit praktische en egoïstische redenen geboren, bij anderen tot een gevoel van warmte en vrolijkheid kan leiden. Voor alle trouwe lezers wil ik trouwens nog even melden dat een dankbaarheidsboek niet te koop is. Je kunt gewoon bij elke boekhandel een mooie dummy of schrift kopen en daar met grote letters 'dankbaarheidsboek' op schrijven. Je geeft het aan jezelf of legt degene voor wie je het koopt uit wat het idee is, en schrijven maar.

# Strijder

Een paar weken geleden is er iemand tijdens een diner in een restaurant op de grond gevallen en niet meer opgestaan. Hij was nog jong, begin veertig en zijn hart hield plotseling op met kloppen. Ik heb diegene een paar keer ontmoet toen hij nog leefde. Zoals je soms hebt met bepaalde mensen die je pad even kruisen, was dit zo'n man die je in gedachten houdt – omdat hij een zachtheid en warmte uitstraalde die bijzonder was.

We repeteren een toneelstuk bij Toneelgroep Amsterdam dat *Ajax* heet. Het gaat over een stoere krijger die verwacht dat hij geëerd zal worden voor zijn moedige veldslagen. Hij komt bedrogen uit als zijn strijdmakkers besluiten niet hem, maar zijn vijand te huldigen. De godin Athena 'slaat' hem met waanzin voor hij wraak wil gaan nemen op de Griekse leiders, waardoor hij – in plaats van zijn vijanden – schapen en stieren afslacht. Als Ajax ontwaakt uit zijn gekte, is hij zo beschaamd dat hij zijn zwaard pakt en zichzelf ombrengt.

De dag nadat de bijzondere man zijn dood vindt in het restaurant, repeteren wij ergens in een lokaal aan de Prinsengracht een scène waarin we met het hele ensemble om het lijk van Ajax staan te treuren. Er heerst een wrange sfeer. Sommigen van de acteurs waren goed bevriend met de overledene en zijn vandaag niet in staat om te doen alsof. We besluiten vroeg te stoppen, zodat iedereen zijn eigen gang kan gaan en de rest van de dag naar eigen behoefte kan invullen. In de kantine beneden wordt zacht gepraat en hier en daar een herinnering opgehaald. We denken allemaal aan wie hij achterliet. Een fantastische vrouw en jonge kinderen, die nog lang niet zonder hun vader kunnen.

Een plotselinge dood in je indirecte omgeving is altijd een wekker. Alle clichés worden voelbaar. Een verdrietige inspiratiebron om zonder angst en moedig als een strijder uit ver vervlogen tijden te leven. Elke dag als de laatste, ieder moment als een kans – in plaats van als een vanzelfsprekend voorbijgaan van tijd. Omdat we anno nu zo graag willen geloven dat we onsterfelijk zijn, vergeten we dat de dood een wezenlijk onderdeel is van wie we zijn. Bij gebrek aan rituelen om ons eraan te herinneren, rennen we als kippen zonder koppen rond. Op zoek naar alles wat ons afleidt van de enige zekerheid die we hebben in het leven: dat het eindig is. De dood heeft zijn plek verloren in het Westen en overvalt ons elke keer opnieuw als een onaangename verrassing. Tijd om het dankbaarheidsboek maar weer eens uit de kast te trekken en stil te staan bij alles wat er is: 'goed' en 'kwaad'. Ik probeer een lijst van tien dingen op te schrijven waar ik dankbaar voor mag zijn. Niet eerder was ik zo snel klaar. Ik bid nooit, want ik ben geen lid van een kerk en geloof niet in een bebaarde god op een wolk die je kunt vragen om je wensen te vervullen. Maar vandaag kon ik eerlijk gezegd niets anders bedenken dan maar wat laffig neer te knielen en meneer God te vragen om de vrouw van de bijzondere man en zijn jonge kinderen te steunen.

In mijn hoofd stuur ik ze zachte zakdoeken en warme handen toe. Dan sta ik maar weer op, omdat ik niet zeker weet of ze daar wel behoefte aan hebben. Morgen repeteren we op de Prinsengracht weer verder voor *Ajax*. En zullen we ons, zoals dat soms gaat als je toneelspeler bent, in het schemerige gebied van fictie en realiteit begeven.

# Oerwoud

Terwijl ik op het strand van Oostende sta, denk ik aan Tanja in het oerwoud. Wat doet ze daar? Is het vochtig? Heeft ze droge kleren aan? Is ze moe? Ik zie haar voor me met haar rugzak om, die meer weegt dan haar eigen lichaam. Hijgend achter de commandant aan sjokkend, op weg naar het volgende kamp.

In haar dagboek kun je lezen dat ze het niet zo leuk vindt in de ondoordringbare brij van bomen en planten. Tanja is ook maar een gewoon Hollands meisje dat op mysterieuze wijze bij de guerrillagroep FARC terechtkwam. Het meest choquerende van Tanja vind ik niet de locatie waar ze zich bevindt, of de organisatie waar ze zich bij aansloot, maar haar mooie gezicht en witte tanden. Het lijkt een vooropgezet plan, een uitgedokterde manier om aandacht te vragen voor de situatie in Colombia. Of een sappige mediahype die kranten en tijdschriften beter zal doen verkopen. Dit stralende, gezonde Nederlandse meisje midden in de tropen, in een legerpak, vrijwillig bekeerd tot gewelddadig communisme.

Ze tuurt de camera in, terwijl ze probeert uit te leggen aan haar achtergebleven familie waarom ze zo lang niets van zich heeft laten horen. Ze klinkt jong en kwetsbaar. Zegt dat ze het heel erg vindt dat ze hen een tijd niet heeft gezien, dat ze hoopt dat ze het haar kunnen vergeven. Kijkend naar Tanja's home video zou je bijna denken dat het hier om een gezellige padvindersclub gaat, waar Tanja lekker bezig kan zijn met naastenliefde. Waar het soms misschien niet zo leuk is, maar meestal best oké. Je zou bijna vergeten dat het hier om een van de gevaarlijkste terreurorganisaties ter wereld gaat.

Terwijl het canvas van de strandstoelen wappert in de zee-wind, ligt Tanja misschien wel op een veldbed in de rimboe. Toen het regeringsleger van Colombia hun kamp overviel en Tanja's dagboek vond, waren de vrouwen zich halfnaakt aan het baden. En volgens afgezanten van het leger, waren de meesten van hen ziek. Misschien wordt Tanja nu wel met de dood bedreigd, omdat de commandanten in haar dagboek lazen dat ze zich niet alleen maar positief uitlaat over de FARC.

Ik flaneer over de dijk en tuur over de zee naar de vele bootjes die met witte zeilen de golven trotseren. Het is prettig om na een drukke week uit te waaien, naar iets te kijken wat niet ophoudt. Mosselen klitten op rotsen tegen elkaar, en ik zuig de zoute lucht diep mijn lijf in. In Tanja's dagboeken is te lezen dat ze zich niet zo goed voelt in het oerwoud, dat het allemaal anders is dan ze zich had voorgesteld, veel saaier eigenlijk. Ergens bekruipt me het gevoel dat Tanja denkt dat ze op ponykamp is. Dat ze in haar dagboek schrijft dat ze een stom paard heeft gekregen, dat ze naar huis wil.

In Oostende bestel ik een kop koffie en maak me dan een half-uur zorgen over alles wat ik nog moet doen. Als ik papier pak om een lijst te maken, dwalen mijn gedachten weer af richting Colombia. Ik ben jaloers op Tanja. Hoe dan ook heeft ze een doel, hoe dan ook heeft ze gekozen, misschien een vreemde, maar wél een keuze. Haar leven speelt zich af rond – in haar ogen – de goede zaak.

Arme moeder. Die zit daar maar in Groningen en wacht af. Weet niet wanneer en of Tanja nog wel naar huis komt.

# Teamsport

Hoe kan ik uitleggen wat zich de uren voor een première afspeelt in de kleedkamers van de schouwburg? Het is een vorm van lijden die, als je zelf geen acteur bent, belachelijk overkomt. Mensen rennen panisch rond of zitten juist stil in een hoekje. De nacht voor de grote dag slaapt men slecht en misselijkheid en diarree maken zich meester van gespannen lichamen. Acteren gaat over luisteren en reageren, op het juiste moment alle kranen openzetten, emoties verbeelden die horen bij de voorgeschreven teksten. Om een rol optimaal te kunnen neerzetten, zijn een ontspannen geest en lijf de eerste vereisten. Maar op de dag van de première voelt iedereen van alles, behalve ontspanning. De druk van de journalisten die met pen en papier plaatsnemen op de tribune, familie, vrienden, collega's, toekomstige werkgevers, idolen, iedereen zit in de zaal en zal een mening vormen over de manier waarop jij daar 'je ding' staat te doen. Wekenlang heb je in een veilig lokaaltje, ver van de ogen van de buitenwereld, met elkaar gerepeteerd en naar beste inzicht gezocht en gevonden, geploeterd en uitgeprobeerd. Om nu, in deze twee uur, alles te geven wat je hebt geleerd en vervolgens jezelf over te leveren aan het oordeel van HET PUBLIEK.

Elke keer opnieuw vraag ik me af waarom ik dit beroep heb gekozen. Het is voor iedereen eng om getest te worden op je kunnen, op wat voor manier dan ook. Maar als er tijdens die test ook nog eens 900 man naar je kijkt, wordt het een wel heel absurde situatie. Omdat toneel een teamsport is, ben je afhankelijk van toeval. Alle schakels moeten in elkaar passen en alleen als je een collectieve concentratie vindt, kan de wedstrijd gewonnen worden. Het meest doet toneelspelen mij dan ook denken aan voetbal. Je kunt trainen wat je wilt, met de beste spelers en de beroemdste coaches, uiteindelijk kunnen niet te voorspellen factoren een wedstrijd toch doen mislukken. Er zijn niet voor niets zo veel praatprogramma's die achteraf analyseren wat er goed en fout ging op het veld. Wij hebben geen zacht gras maar houten planken. En al worden er niet letterlijk standen bijgehouden, het voelt wel alsof je kunt scoren. Of niet.

Het zielige aan mijn beroep is dat het je reduceert tot een hongerig vogeltje in een nest, de snavel wijd open. 'Vind mij goed, vind mij goed, hou van mij…' lijken we te kirren vanaf het podium. 'Wees bereid twee uur lang mee te gaan in deze fictieve wereld, laat je door mij overtuigen.' Je probeert de mensen in de zaal te laten geloven dat je echt huilt, echt kwaad bent en echt lacht, terwijl ze op het moment dat ze hun kaartje kopen al weten dat het bedrog is. De paradox van de toneelspeler. Toch is er geen grotere vreugde in mijn leven dan een scène die boven zichzelf uitstijgt. Als je met je tegenspeler een optelsom wordt van talenten die, al is het maar voor een paar seconden, het publiek meezuigt in een emotie. En je zo met z'n negenhonderden een gezamenlijke ontroering beleeft.

Vandaag haal ik opgelucht adem, de première is voorbij, de recensies zijn goed, de kaarten worden in hoog tempo verkocht. We maken ons klaar om de komende weken honderden mensen vakkundig voor te liegen in theaters door het hele land.

# Brief aan Filemon

Lieve Filemon, elke week lees ik met veel plezier jouw column en meestal moet ik erom lachen. Twee weken geleden schreef je over je geliefde. Je was veranderd in een weekdiertje, meldde je, en in een poging om je stoere mannelijke identiteit te hervinden, hield je je handen in je zak als zij je probeerde te omhelzen.

Ik ben al jaren een weekdier, vanaf de dag dat ik mijn lief tegenkwam op een auditie voor een arthousefilm die nooit meer dan drie bezoekers heeft getrokken in bioscoop Cavia in Amsterdam-West. Misschien had ik dat al meteen moeten opvatten als een voorteken, maar zoals dat gaat in de liefde: je zet je oogkleppen op en galoppeert rustig verder op een kansloze weg die maar naar één doel lijkt te leiden: de totale vernietiging van je zelfvertrouwen en je hart.

Uit je column maak ik op dat je een lieve vriendin hebt die je geen enkele reden geeft om van stoere man in een weerloos weekdier te veranderen. Maar het is geen kattenpis, romantiek. De wegen naar liefdesgeluk zijn onvoorspelbaar en ondoorgrondelijk. Ik bevind me op een hellend liefdesvlak en probeer met man en macht om niet in het ravijn te storten.

Jouw column kwam voor mij op precies het goede moment. Het was troostend te lezen dat ik niet alleen ben in mijn zoektocht. Of je nou je ultieme levenspartner naast je op de bank hebt zitten of ergens allenig wegdroomt van een ideale prins, het blijft een verraderlijk spel dat je tegen wil en dank moet spelen.

Uit pure wanhoop nodig ik allerlei mensen uit in mijn nieuwe huis. Ik wil bewijzen dat ik in mijn upje ook een heel 'rijk' en 'vol' leven kan leiden. Druk pratend en grappenmakend breng ik de avond door met 'andere' mannen, maar uiteindelijk lig ik 's nachts in een veel te groot bed dat duidelijk ontworpen is voor minstens twee gelukkige lichamen – en niet voor één zielig alleen.

Op dit soort momenten vind ik het een enorm gemis dat ik geen alcohol drink. Het moet toch heerlijk zijn om naar een bar te gaan, een dubbele wodka te bestellen en je verdriet weg te drinken. Die paar uur verdoving lijken me een welkome afleiding van mijn gepieker en gestuntel op die steile helling. Misschien kan ik eens langskomen in jullie programma *Spuiten en Slikken*. Dat jij me dan onder professionele begeleiding dronken voert. Wie weet wat dat oplevert aan troost en genezing van een terminaal gebroken hart.

De enige echte remedie blijft natuurlijk: zo snel mogelijk verliefd worden op iemand anders. Maar nu ik wat ouder ben, lijkt me dat plots vreemd en nutteloos. Waarom opnieuw wennen aan een levend wezen, gezamenlijke activiteiten ontwikkelen, om vervolgens weer een periode van onbepaalde tijd te moeten afkicken en voor de zoveelste keer mijn hart op een dienblaadje aan te bieden? Mij niet gezien. Ik ga mijn leven lekker voor mezelf houden in de toekomst. Aan mijn lijf geen polonaise. Of je nu dumpt of gedumpt wordt, het is allebei even kut en gruwelijk.

Tot overmaat van ramp besloot ik gisteren naar de film van Anton Corbijn te gaan om wat vertier te zoeken in donkere dagen. Dat was niet zo'n goed plan, bleek al na een minuut of dertig. Het is een van de beste films die ik ooit heb gezien, maar je wordt er een partij depressief van!

Lieve Filemon, bedankt voor je mooie column en ik hoop dat ik je niet verveeld heb met mijn zelfmedelijden. Ik ga nog wat verdrietige cd's opzetten en een beetje huilen op de bank. Over een paar weken ben ik weer de oude. Beloofd.

Een kus van je collega.

# Existentiële crisis

Jariggggggg. Twee-en-derrrrtiggggg.

Mijn vrienden komen naar mijn nieuwe huis om kip te eten. Gelukkig hebben de twee 'antiekbroers', die een winkel hebben in de Herenstraat en bij wie ik graag meubels koop, een tafel van drie meter lang bezorgd, zodat iedereen straks kan zitten terwijl het gevogelte soldaat gemaakt zal worden.

Dagen ben ik al in de weer om ingrediënten en drank in te slaan voor mijn eerste feest in mijn huis. Kippen bereiden is niet iets waar ik me dagelijks mee bezighoud, dus ik dien me goed te informeren voor ik begin aan deze 'operatie'. Als ik in de bus zit met mijn *Ajax*-collega's van Toneelgroep Amsterdam op weg naar een theater in Tilburg, vraag ik iedereen het hemd van het lijf over hun kippenbakervaringen. IJverig schrijf ik alle tips op in mijn notitieboek. Om middernacht, als we huiswaarts keren en over de snelweg scheuren, vieren we mijn verjaardag. Ik heb flessen champagne gekocht en stokbrood met brie. In de kroeg op het Leidseplein feest ik halfslachtig verder, maar om halftwee ben ik zó moe, dat ik op mijn fiets stap richting bed.

De volgende dag begin ik vroeg met alle ingrediënten uit te stallen op mijn aanrecht. Ik leun tegen mijn keukenmuur en kom tot de conclusie dat ik van alles heb gekocht voor allerlei verschillende kipgerechten. De verwarring is groot. Ik snap niet waar en hoe ik moet beginnen aan de taak deze naakte beesten te transformeren tot smakelijke hapjes. In paniek bel ik mijn vriendin Annet Malherbe, topkok en rots in de branding. Ze geeft me heldere aanwijzingen en bedenkt een stappenplan.

Een uur later staat alles netjes in de oven. Ik hak wortels en paprika's in kleine stukken en gooi alles in een grote bak met sla. Als een professionele ober dek ik de drie meter lange tafel. Opgelucht haal ik adem wanneer ik opmerk dat ik precies het juiste aantal stoelen heb om iedereen een plek te geven. Om halfacht klinkt er gegil vanuit het trappenhuis; daar komen de eerste vrienden luidruchtig bezit nemen van mijn appartement. Met begerige handen pak ik cadeaus uit en kir van vreugde wanneer er een ketting met mijn naam, schilderijen en dvd's uit het papier tevoorschijn komen. Van Alex van Warmerdam, de man van Annet, krijg ik een prachtig kunstwerk van een meisje bij een huis. Jaren geleden heb ik daar in hun tuin voor geposeerd.

Eindelijk geen witte kale muren meer, nu ik echte kunst heb om de boel wat op te fleuren. Ik heb het zo druk met mijn nieuwe rol van gastvrouw, met kippen en cadeaus, dat ik vergeet tijd te maken voor mijn jaarlijkse instorting. Tweeëndertig is toch al een hele leeftijd. En als je ervan uitgaat dat ik op mijn zesde verjaardag al in een existentiële crisis raakte omdat ik zes zo oud vond, is het toch een heugelijk feit dat ik zesentwintig jaar later simpelweg vergeet stil te staan bij de onherroepelijke voortgang van de tijd. Als de maaltijd is verslonden, moet er koffie worden gezet, ijs geserveerd en afgeruimd.

Ik ben een bezige bij en geniet van het rondrennen door mijn kamers in een poging om het anderen naar hun zin te maken. Ik besluit dat ik voortaan al mijn verjaardagen op deze manier ga vieren, met het accent op mijn naasten en geliefden, in plaats van op mij.

# Weet ik veel!

Het zijn dagen van etentjes en feestjes. Met de *Ajax*-ploeg souperen we op de woonboot van Anneke Blok. Bij De Theatercompagnie – het gezelschap waarmee we de voorstelling *Ajax* coproduceren – blijkt het een traditie met elkaar te eten aan het einde van een tournee. Myranda heeft paddenstoelen geplukt in het Amsterdamse bos om de ragout voor over de pasteitjes te bereiden en Mike shaket cocktails. Een paar dagen later viert Annet haar vijftigste verjaardag. Ze levert een ongelooflijke prestatie en kookt voor tachtig mensen, die ze bedient in een tent in haar tuin. Direct daarna rij ik door naar een vriend die zijn nieuwste cd presenteert in het voormalige filmtheater Desmet. Kortom, eten, drinken en veel praten.

Omdat ik geen alcohol drink en de rest van de mensheid wel, valt het me soms zwaar in de stemming te komen bij dit soort aangelegenheden. In nuchtere staat word ik me overbewust van mijn gedrag en dat van anderen. En de vraag 'Hoe gaat het?' twintigduizend keer oneerlijk beantwoorden, is niet mijn favoriete bezigheid. Er zijn allerlei varianten op dit thema, allemaal even aardig bedoeld en even plichtmatig beantwoord.

'Nee, maar hoe gaat het nou echt met je?' In een overvolle kamer word ik happend naar adem met mijn cola light in een hoek gedrukt. 'Ben je een beetje gelukkig?' Een indringende blik waar geen ontsnappen meer aan is.

De vragen gaan dikwijls gepaard met het amicaal vastpakken van een ledemaat waardoor het onmogelijk wordt je überhaupt nog te herinneren hoe het eigenlijk met je gaat en of je inderdaad 'een beetje' gelukkig bent. Weet ik veel!

Meestal zeg ik: 'Moe, maar goed.' Omdat 'moe' niets zegt over mij. Je wordt ook moe van hard werken. Het geeft tenminste niet prijs hoe ik me voel. En wat heeft iedereen daar eigenlijk mee te maken, niets toch?

Ik weet ook echt niet hoe het met me gaat. Ik weet het niet. Ik ploeter wat voort, kom de dagen door en af en toe moet ik lachen omdat iemand een grap maakt of voel ik me gelukkig omdat er een vogel in de boom naast mijn slaapkamer woont of ben ik bang omdat iemand een stomme opmerking maakt of heb ik hoofdpijn omdat ik gespannen ben of ben ik verdrietig omdat ik meeleef met een zielige vriendin of ben ik neerslachtig omdat ik me verveel of ben ik nieuwsgierig omdat iemand me belt.

Maar dat is een veel te lang en onduidelijk verhaal. Omdat ik zelf dichtklap van al die vragen, ben ik ze steeds minder gaan stellen aan de mensen die ik tegenkom. Het valt echter niet mee een gesprek te openen zonder de bekende startzin. Mijn vriendinnen waren hier laatst over de vloer en meldden mij dat ze vonden dat ik de laatste tijd zo met mezelf bezig was, zo ongeïnteresseerd in hun levens. Misschien moet ik me er gewoon bij neerleggen dat 'Hoe gaat het?' een onderdeel is van de menselijke manier van communiceren en mijn puberale verzet ertegen staken.

Voor ik weer naar een feestje ga, zal ik een kort en bondig antwoord bedenken dat ook nog geestig is. Mijn verhaal zal weinig te maken hebben met de realiteit, maar een startsein vormen voor een lekker oppervlakkig, gezellig, feestelijk gesprek.

# Paringsdans

Koppeltjes, paartjes, stellen, partners, geliefden… het is me wat. Ik wilde vroeger nooit het slachtoffer worden van deze burgerlijke traditie. Lekker hand in hand lopen door de Kalverstraat of samen wijn proeven in de Loirestreek, knus dubbeldaten in Holland Casino of slowen in de disco, fijn hangen voor de buis en knuffelen in de sauna, ik zou het allemaal aan me laten voorbijgaan.

Dit voornemen ontstond in mijn brein toen mijn vriendin in de brugklas vaste verkering kreeg. Ik vond haar onuitstaanbaar als haar vriendje in de buurt was. Ze gedroeg zich dan plotseling heel anders. Als ze lachte, gooide ze haar hoofd aanstellerig naar achter en ze rende voor hem naar de keuken om flesjes bier te halen. Mij gunde ze geen blik meer waardig en ik voelde me een wormvormig aanhangsel, een vijfde wiel aan een wagen, een onvolwassen nerd die in een hoekje wachtte tot de nachtmerrie van deze verliefdheid voorbij zou gaan. Haar korte rokjes en haar tongzoenverhalen vond ik om te kotsen. Ik begreep niet dat ze niet net als ik doodsbang was voor iedereen van het andere geslacht. Uit pure faalangst zou ik niet eens de elleboog van een jongen durven aanraken al kreeg ik er een schip met geld voor. Ik wilde gewoon weer uren kletsen en theedrinken met haar in plaats van in mijn eentje tv-kijken tot zij en die jongen waren uitgetongd. Haar quasihuisvrouwtjesgedrag, haar gekir en gekreun vond ik een teken van zwakte. Zij bedroog niet alleen mij door aan dat manspersoon te friemelen en te plukken maar ook zichzelf. Ik was haar kwijt. Mijn hartsvriendin had haar hart aan een ander gegeven en ik bleef zielig en buitengesloten achter.

Nu, jaren later en zogenaamd volwassen, heb ik zelf natuurlijk ook wel het een en ander achter de rug met verschillende creaturen van het andere geslacht: lekker gefriemeld en getongd, samen geklit en vadertje en moedertje gespeeld. Maar nog altijd vind ik koppels een lastig fenomeen, zowel om er onderdeel van uit te maken als om er getuige van te zijn. Mensen kunnen maar zelden zichzelf zijn in het bijzijn van hun levenspartner. Of in ieder geval, zichzelf zoals ik ze ken, want misschien ervaren zij zichzelf wel veel meer als zichzelf in de nabijheid van hun wederhelft dan hoe ik denk dat zijzelf zijn. Mensen veranderen in dieren, zetten hun veren uit, voeren als bavianen in de wildernis een paringsdans uit waarvan mij de lol ontgaat. Het ergste is dat ik dat gedrag waarschijnlijk zelf ook vertoon. Ach, de natuur is ondoorgrondelijk. En wij als onderdeel daarvan ook. Want hoezeer ik me ook verzet tegen alles wat met een 'burgerlijk-stelletjesleven' te maken heeft, ik word als een magneet tegen wil en dank aangetrokken tot de mannetjesdieren in mijn omgeving. En dans zelf ook de paringsdans die ik, als mijn vriendinnen hem uitvoeren, zo irritant vind. Van sterke alles-onder-controlevrouwen veranderen wij in weke wasberen die hijgen naar de goedkeuring van onze mannen. We ruimen ineens onze huizen op, trekken onze mooie kleertjes aan en boenen onze lichamen brandschoon onder de douche, we eten kauwgom en spuiten ons vol met parfum in de hoop dat het de desbetreffende jongeman zal kunnen bekoren. Ik moet maar wat vergevingsgezinder zijn naar mijn vriendinnen toe als ik ze weer eens aanstellerig gedrag zie vertonen.

# Oppassen

Omdat mijn zus geen enkele andere optie had dan aan mij te vragen om een dag voor haar dochtertje van twee te zorgen (de vaste oppas was naar Zuid-Amerika vetrokken), word ik om negen uur in de ochtend ruw uit mijn slaap gehaald door het penetrante geluid van de bel. Ik spring verward en bloot uit bed, ren naar de badkamer om mijn lichaam met een handdoek te bedekken en druk op het knopje dat de deur laat openzoemen. Ik dwing mijn ontplofte slaaphaar in een ordelijke staart en ga glimlachend in de hal staan. Mijn zus is zoals altijd goed voorbereid en overhandigt me een tas vol eten, speelgoed en een papier met de 'gebruiksaanwijzing' van mijn nichtje. Kate begint meteen als een dol konijntje door mijn appartement te hollen en ik probeer zo wakker mogelijk te kijken met mijn handdoek om en uitgelopen mascara onder mijn ogen. Ik verzeker mijn zus dat alles goed komt, zwaai haar uit en begin aan een missie die zo vroeg in de morgen en zonder enige oppaservaring schier onmogelijk te vervullen lijkt. Kate kijkt me verwachtingsvol aan. Ik grijp haar handje en zeg: 'Wil je mee douchen? Dat is toch leuk?'

Ze klapt meteen in haar handjes van blijdschap en vermaakt zich prima in de badkamer terwijl ik me haastig ontdoe van de make-upresten van de vorige dag. Ik bel een taxi en vertel haar dat we wat kleren uit gaan zoeken omdat tante Halina 's avonds naar *De Wereld Draait Door* moet en zelf niet kan bepalen wat ze aan moet trekken. Kate knikt plechtig alsof ze precies begrijpt waar ik het over heb en in de taxi wijst ze enthousiast naar voorbij schietende trams, vrachtwagens en fietsende mensen. De styliste complimenteert me verrast met mijn mooie 'dochter'. Ik begin hysterisch te lachen en in alle toonaarden te ontkennen dat dit meisje uit mij voortgekomen zou zijn terwijl ik me in een veel te strak jurkje wurm en tegelijkertijd probeer te voorkomen dat Kate alle rekken met peperdure kledij omver duwt.

In de taxi terug wijst Kate woest naar de tas van mijn zus en gilt 'Slokje! Slokje!' in mijn oor. Ik pak een pakje drinken maar ze schudt pertinent haar engelenhoofd en blijft maar 'slokje' roepen.

Pas als we thuis zijn, begrijp ik haar brabbeltaal. 'Slokje' blijkt een verbastering van 'snoepje'. Ik pak meteen drie biologische schuimpjes en merk aan Kates dankbare blik dat het de eerste keer in haar leven is dat ze niet één, maar drie verantwoorde, suikervrije versnaperingen tegelijk mag verorberen.

Dan geeft Kate aan dat ze graag even wil dansen en op de muziek van The Rolling Stones bewegen we als twee losgeslagen dieren door mijn woonkamer. Uitgeput grijp ik de gebruiksaanwijzing en zie dat ik al een uur te laat ben met haar lunch. Uitgehongerd werkt ze twee hele bolletjes naar binnen en zegt dan: 'Kate slapen?'

Ik schaam me dat Kate beter weet wat er moet gebeuren dan ik en stop haar snel in mijn grote bed waar ze meteen wegdroomt.

Als Leonora weer voor de deur staat, kan ik bijna niet geloven dat het avontuur ten einde is en ik laat haar beloven dat Kate snel weer terugkomt.

's Avonds zit ik bij *De Wereld Draait Door* op de make-upstoel en grijp naar een sigaret in mijn tas. Mijn hand stuit op een speelgoedauto van mijn nichtje, die ik vergeten ben terug te geven. Ik laat hem trots zien aan de make-upvrouw die ontroerd naar me glimlacht. 'Ja, nu ben je broeds, hè? Er is geen weg terug, geloof mij, nu wil je d'r zelf ook eentje…' Ik kijk vertwijfeld in de spiegel en spoed me dan naar de studio.

# Zielig

Ik heb een gekke beslissing genomen. Het is zomer. Ik begin pas in augustus weer met werken. Ik heb geen man, geen hond, geen kinderen en geen buitenhuis in Frankrijk. En ik kan dus helaas niet op een gezellige gezinsvakantie met bijbehorende zon- en strandpret.

Als ik na een nachtje stappen in Amsterdam mijn woonkamer binnenloop (het is halfvier in de ochtend en echt helder ben ik niet), ga ik achter mijn computer zitten en surf wat langs goedkope vliegticketsites. Voor ik het weet, vind ik een vlucht naar Los Angeles. Ik denk aan de drie leuke weken die ik daar heb gehad. Een druk op een knop en de vliegtuigstoel is van mij. Even twijfel ik of dit wel een goed idee is. Weer helemaal in mijn eentje in de gekte van de Sunshine State... Moet ik niet met mijn vrienden naar Spanje of in Amsterdam blijven om de laatste verhuisdozen eindelijk uit te pakken? Dingen kopen op internet is gevaarlijk gemakkelijk. Mijn computer kent mijn creditcardnummer inmiddels uit zijn hoofd. En dan heb ik pardoes opnieuw een ticket geboekt. Over een week vlieg ik weer weg. Alleen. Om te schrijven. In afzondering. Als de bevestigende e-mail van KLM zich met een hoog toontje aankondigt, ben ik niet blij of aangenaam gespannen. Ik vind mezelf zielig. Waarom heb ik geen gezin? Waarom heb ik geen normaal leven van campings en barbecues en Volvo-stationwagons volgepakt met emmertjes, schepjes en vliegers? Waarom heb ik geen man die allerlei spannende reizen organiseert voor mij, de kinderen en de hond? Of in ieder geval normale vrienden die niet de hele zomer doorwerken of zo moe zijn van hun drukke carrières dat ze niet eens meer energie hebben om een vakantie te plannen? En waarom heb ik ook al weer bedacht dat ik naast actrice ook nog zo nodig schrijfster moest zijn, waardoor ik nu gedwongen ben om de eenzaamheid te zoeken, ergens in een ver land omdat er anders al helemaal geen letter op papier komt?

Om halfvier in de ochtend kan ik geen logica ontdekken in mijn bestaan. Verslagen slof ik naar mijn badkamer. Ik kijk in de spiegel en roep mijn zielige zelf tot de orde. 'Het mag dan misschien diep in de nacht zijn, en ik mag dan misschien tegen wil en dank een Bridget Jones-achtig leven leiden, maar er is geen reden tot geklaag!' snauw ik tegen mijn evenbeeld.

Mijn zielige zelf geeft zich niet meteen gewonnen, maar na een plens koud water en ruwe, bestraffende bewegingen met mijn tandenborstel kiest ze het hazenpad en keert de rust weer terug. Ik heb een ticket naar LA. Ik mag mezelf gelukkig prijzen. Ik ga een fan-tas-tische tijd hebben in mijn eentje. Ik heb niemand nodig om gelukkig te zijn. Ik ben een uithangbord van een zelfstandige, individualistische generatie en daar is niks mis mee! In *Sex and the City* bleven de meisjes ook heel lang alleen en daar werden ze nooit minder hip of aantrekkelijk van. Als ik onder mijn dekbed kruip, merk ik dat mijn zielige zelf stiekem naast me is gaan liggen en ik hoor hoe ze zachtjes bidt om een man, een hond en twee kinderen. Ik sluit mijn ogen en besluit morgen definitief af te rekenen met haar. Desnoods in een fysiek duel.

# Gezin

Vlak voordat ik vertrek naar Amerika staat er een familieweekend gepland. Mijn zusje Esther, die op Curaçao woont, is met haar vriend in Nederland en dus kunnen we weer eens met ons gezin bij elkaar komen. Ergens in de buurt van Ommen aan de Vecht hebben we een huisje gehuurd. Mijn moeder, Esther en haar vriend, mijn grote zus Leonora plus man en kind en ikzelf zullen afreizen naar deze bosrijke omgeving om drie dagen te genieten van elkaars gezelschap.

Ik ben niet zo'n held als het gaat om dit soort samenkomsten. Leonora is meestal degene die alles regelt en zorgt voor eten, drinken en gezelligheid. Nu ik als enige zuster zonder man in het huisje zal verblijven, is de moed me eerlijk gezegd een beetje in de schoenen gezonken en als ik zie dat alle tweepersoonskamers bezet zijn en ik op een matrasje in de woonkamer moet slapen, is mijn zelfmedelijden niet meer te stoppen.

Esther arriveert met gebruinde man en hond. Leonora en haar echtgenoot parkeren hun Range Rover voor de deur en huppelen – als waren ze hoofdrolspelers in een Blue Band-reclame – met hun te knappe dochtertje de hal in. 'Waarom lukt het mijn zussen wel en mij niet, we hebben toch dezelfde genen?' jammer ik zachtjes tegen mezelf als ik op de wc zit. Gelukkig is mijn lieve en al jaren alleenstaande moeder er die me bemoedigend op de schouder klopt en voorstelt een wandelingetje te maken met z'n tweeën. Als we door het gras struinen en ik mijn hart uitstort, ebt de klaagzang in mijn hoofd weg. Ik zie een kikker rondspringen, ik hoor vogels tjilpen, ik laat me vallen op een stuk zacht mos en word samen met mijn moeder een met de natuur. Net als vroeger toen ik en mijn zussen nog klein waren. 'Je moet gewoon iemand zoeken die wat meer op je vader lijkt,' oppert mijn moeder terwijl we naar de wolken turen.

Terug bij het huisje hebben mijn zusters macaroni gemaakt en we eten buiten aan een grote tafel in de zon de hele pan leeg. Als de avond valt, maken we een vuur. Mijn zwangere zus trekt zich terug op haar kamer en wij praten tot halftwee door over Curaçao, onze dode vader en toekomstdromen. De volgende dag word ik wakker geschreeuwd door mijn nichtje Kate en ik heb zowaar een goed humeur. Ik neem haar en de hond mee voor een wandeling door het bos. Kate kletst honderduit in half Engels half Nederlands over de baby in haar mama's buik, de *nice car* van haar vader en over allerlei andere zaken waar ik geen touw aan vast kan knopen.

Met mijn zus en haar man zit ik later in de Range Rover op weg naar huis. Ik moet mijn tas nog inpakken omdat ik morgen vroeg op Schiphol moet zijn. De Bridget Jones-film in mijn hoofd is gestopt. Ik heb dan misschien geen eigen gezin, maar ben nog wel onderdeel van mijn oude gezin. En wie weet is dat wel genoeg voor mij.

# Leve het kapitalisme!

Nadat ik geland ben in LA, stap ik meteen in een Japanse huurauto op weg naar Beverly Hills. In het L'Ermitage Hotel wacht mijn nieuwe vriend Bill Nighy me op. We hebben elkaar leren kennen op de set van *Valkyrie* (de Tom Cruise-film) en hebben contact gehouden via sms. Je kunt Bill kennen uit *Love Actually* als de bejaarde rocker die zijn laatste kersthit zingt of van *Pirates of the Caribbean* waarin hij – naar eigen zeggen, ik heb hem niet gezien – een octopus uitbeeldt. We dineren uitgebreid en staren wat naar de bekende rappers die het chique L'Ermitage Hotel als hun favoriete hang-out hebben gekozen, tot verbijstering van de upper-classgasten en het personeel. De *bitches* en *ho's* waardoor een succesvolle rapper nu eenmaal altijd omringd wordt, hangen in superkorte rokjes en *stripper heels* aan de bar, terwijl de *home boys* met hun blingbling en gevaarlijk uitziende lichamen van een cocktail genieten.

Dit is het land waar je je kinderen op een vrije woensdagmiddag naar de *kids spa* stuurt om eens lekker verwend te worden door schoonheidsspecialisten en masseurs en waar winkelcentra meer weg hebben van pretparken, compleet met treintje, muziekfonteinen en poppenwinkels waar je *matching* outfits koopt voor jou en je pop. Ik probeer er mijn hoofd koel te houden en mijn dagelijkse hoeveelheid pagina's af te leveren voor mijn script. Amerika mag dan een gehaat land zijn, het heeft ook zo z'n voordelen, zeker voor een vrijgezelle schrijfster als ik. In elke supermarkt bevindt zich een saladebar met alles wat je hartje begeert. Van kikkererwten tot linzen en verschillende kaassoorten zodat je niks zelf hoeft te snijden of restjes overhoudt van familiepakken wortels die je toch nooit op zal eten. De stomerij levert je kleren tegen een zeer schappelijke prijs binnen 24 uur, netjes verpakt in een draagbare tas en alle scheurtjes, kapotte ritsen en losgeraakte naden zijn gratis gerepareerd. Leve de concurrentie, leve het kapitalisme, leve Amerika. In de Starbucks kun je rustig een koffie bestellen zonder cafeïne, met melk, zonder vet, met soja, niet te warm, niet te koud, met een vleugje vanille en een heleboel schuim, maar zonder lepeltje. De klant is koning.

Bill en ik brengen de volgende dag winkelend door op Rodeo Drive. We kopen niets maar passen alles en Bill gaat gewillig op de foto met elke voorbij wandelende fan. Ik vind het heerlijk om terug te zijn in deze stad waar ik zo langzamerhand een tweede leven begin op te bouwen. Met vrienden en vaste cafeetjes, een auto voor de deur en genoeg logeeradressen om nog jaren te blijven. Ik weet waar je de lekkerste donuts kunt krijgen (voor wie binnenkort naar LA gaat: Bob's Donuts op de Farmers Market in The Grove), de mooiste kleren (Barneys op Wilshire, tweede verdieping) en de goedkoopste benzine (hoek Franklin, Beachwood Drive).

Dit weekend vertrekken we met een paar mensen naar de woestijn. Omdat het daar vijftig graden is in juli hebben alle luxehotels hun prijzen drastisch laten zakken en kunnen wij voor een appel en een ei in een vijfsterrenhotel met natuurlijke hete bronnen vertoeven. Er zijn vijf zwembaden en verschillende kamers die namen dragen als 'Paradise Studio' en 'Star-struck Relaxing Room'. In augustus begin ik bij Toneelgroep Amsterdam met een toneelstuk in het Duits, dus in plaats van muziek draai ik de hele dag een Duitse cd in mijn auto met de teksten van het stuk erop. Als ik met open raam voor het stoplicht sta te wachten, kijken andere bestuurders nieuwsgierig naar me terwijl ik als een pornoster uit vervlogen tijden mijn Duitse zinnetjes herhaal.

'Rocco, du hast noch 'ne Menge zu lernen, Jüngelchen!'

*Just another great day in the land of the free.*

# Koolhydraten

Omdat het per slot van rekening zomer is en ik hier voorname- lijk achter mijn computer zit te werken, opper ik het plan om met een paar mensen een weekend naar de woestijn te gaan voor een minivakantie. Meteen wordt er 'Palm Springs' geroepen, want dat is zo'n *cute* stadje. Ik ben er al eens eerder geweest, een paar jaar geleden. En geloof me: Palm Springs klinkt misschien heel exotisch en cute, het is een lelijk winkelcentrum midden in de woestijn. Amerikanen hebben geen idee van schoonheid. Ze noemen een twintig jaar oude stoel antiek en zijn vol van de meest kitscherige schilderijen die ze bestempelen als *fine art*.

Ik las vandaag een interview met Tyra Banks – de presenta- trice van *America's Next Top Model* die voor een aflevering in Eu- ropa was – waarin ze zei dat ze naar de oude gebouwen in Rome en Amsterdam keek en dacht: hartstikke leuk, maar het zou nog leuker zijn als er hier en daar een Jack in the box en een Rite Aid tussen zou staan (twee gruwelijke Amerikaanse winkelketens).

Annie, haar man Matt, vriendin Sara (een Hollywood-*screen- writer* die onder andere schrijft voor de series *House* en *Dead- wood*) en ikzelf stappen in een jeep op weg naar de zandvlaktes van Palm Springs. Onderweg stoppen we bij de In-N-Out Bur- ger, de enige *fastfood chain* waar je echt verse hamburgers en friet kunt kopen. Mijn Amerikaanse reisgenoten bestellen alle drie een *carbfree* burger, wat zoveel betekent als een hamburger ge- wikkeld in een blad ijsbergsla. Alles wat ook maar ruikt naar een koolhydraat (brood dus), wordt in Hollywood angstig gemeden in verband met het graatmagere lichaam dat tegen elke prijs graatmager moet blijven. Ik bijt gelukzalig in mijn broodje hamburger en slurp van een vette milkshake terwijl de vrienden zuinig knabbelen aan hun *protein style burger* en nippen van hun flesje Evian.

Het bed and breakfast waar we logeren, is prachtig. Er zijn watervallen en fonteinen, twee zwembaden en mooie ruime kamers met witte wapperende gordijnen. Het wordt gerund door een Spaans echtpaar dat met lede ogen aanziet hoe hun Amerikaanse gasten gillend van vreugde het hotel bevolken.

'Oh my god, you guys, this looks soooo European! It's like soooo old and like soooo real. Oh my god, this makes me feel so good right now!' knauwen ze uitgelaten tegen elkaar. Ze hebben de neiging alles wat ze zien en ervaren, direct te benoemen. In tegenstelling tot ons, Hollanders, die stug over ons vlakke landje uitkijken en hooguit opmerken dat het wel weer zal gaan regenen vandaag.

In Palm Springs is het 50 graden. De geringste beweging veroorzaakt een zweetaanval die ik met drie uur sportschool nog niet uit mijn oksels zou persen. We dobberen de hele dag rond in het zwembad en ik luister geboeid naar de verhalen van Sara over het tot stand komen van een Amerikaanse tv-serie. 's Avonds word ik overrompeld door een eenzaamheidsaanval. Nietsvermoedend lig ik in mijn bed te lezen als de demonen zich melden. Ze proberen me wijs te maken dat ik een rare eend ben die voor altijd alleen zal blijven en nooit bij iemand of iets zal horen. Gelukkig word ik 's ochtends gewekt door het enthousiaste gekir van mijn Amerikaanse vrienden die hebben besloten dat we in een kabelbaan móeten die ons naar de top van een berg zal brengen om aldaar van een *breathtaking view* te genieten. Op de berg is het veel kouder en ik voel me thuis in de wind en de koelte. Ik kijk uit over een wereld van zand en dorre bomen met hier en daar een winkelcentrum en ik zie een vogel op de balustrade zitten die zonder vrees de diepte induikt.

Als we terug zijn in het dal, rijden we naar een casino. Je mag binnen roken en krijgt gratis drankjes aangeboden. Ik win tien dollar en ga opgewekt terug naar LA. Nog een week en dan vlieg ik weer naar Amsterdam. Hopelijk heb ik de demonen in de dorre woestijn achtergelaten, waar ze langzaam zullen bezwijken aan de moordende hitte.

# Jonge goden

En jawel, de vakantie is voorbij. Op maandagochtend om 11.00 uur heb ik een bespreking over het nieuwe seizoen van *De Wereld Draait Door*. Omdat het me goed beviel om naast Matthijs aan tafel te zitten en allerlei nieuwe mensen te ontmoeten die ik anders nooit zou zijn tegengekomen, besluiten we het sidekickschap de komende maanden door te zetten.

Om 12.30 uur staat de juffrouw Duits voor mijn deur met haar arische, blonde lokken en haar opgeruimde glimlach om mij mijn woordjes te overhoren. Vervolgens zet ik mezelf om 14.00 uur op tape voor een Spaanse film. In een studio bij Kemna Casting werk ik samen met een bevriende casting director – die toevallig goed Spaans spreekt – aan de auditiescène. We nemen hem op met een camera en zetten de beelden online.

Een uurtje later (16.45 uur) krijgen we de reactie uit Spanje – de moderne techniek staat voor niets – en ja hoor: ik heb de rol! Ik ben dolblij en trots. Als ik net aan mijn woeste vreugdedans wil beginnen, belt mijn agente om me te vertellen dat het qua planning en beschikbaarheid heel moeilijk wordt. Meteen hangt er een enorme zwarte wolk boven mijn hoofd, ik zie een Spaanse carrière en een hoeveelheid euro's voor mijn neus in rook opgaan, en met de staart tussen de benen keer ik terug naar huis.

Bozig scheld ik op mijn nog altijd chaotische woning. Overal staan dozen en troep. De lampen doen het niet en schilderijen zijn nog steeds niet opgehangen. In de hal staat een loodzwaar IKEA-bed dat iemand in elkaar moet zetten, maar ik weet niet wie. Ik grijp mijn telefoon en bel wat vrienden. Van het een komt al snel het ander en voor ik het weet, staan er zes jongens met boren, schroevendraaiers, ladders en hamers in mijn hal. Ik vraag me stilletjes af waarom ik nooit eerder op het idee kwam om mijn mannelijke maten te bellen. Misschien hoopte ik al die tijd tegen beter weten in dat mijn toenmalige partner zijn gereedschapskist onverwacht tevoorschijn zou halen.

Uren achter elkaar timmeren deze jonge goden mijn hele leven op orde. Ik kan het haast niet geloven. Totaal overrompeld door zo veel daadkracht en testosteron dwarrel ik als een gans doelloos rond en vraag om de minuut of ze misschien wat water willen drinken. Mijn nieuwe vriend (niet in de zin van partner maar zeg maar gewoon een kennis) Marwan dwingt me op de bank te gaan zitten en mijn 'snavel te houden'. Om 19.30 uur is alles af. Ik zeg overmoedig tegen Geza en Marwan dat ze op mijn kosten sushi moeten halen en een halfuur later zitten we als een stel bouwvakkers voor meer dan 150 euro rijst met rauwe vis weg te werken.

Ik mag dan misschien voorlopig geen Spaanse filmster worden omdat ik in Duitsland toneel moet spelen, ik heb wel een huis waar je u tegen zegt. Ik kan niet geloven hoe opgeruimd en georganiseerd ik ben en al helemaal niet hoeveel verstopte klusjesmannen zich in mijn vriendenkring bevinden. Ik wil ze allemaal kussen en omhelzen en had het liefst gehad dat ze met z'n zessen bleven logeren in mijn bed, maar helaas zijn ze of homo of bezet dus uiteindelijk ben ik om 00.00 uur weer eens helemaal alleen.

Ik pak mijn computer bij zijn nekvel en begin als een bezetene te typen. Nu alles om me heen tot in de puntjes af is, heb ik genoeg rust in mijn hoofd om een paar pagina's verder te werken aan het script. Tevreden neem ik een slokje cola en overzie mijn paleisje. Ik ben een alleenstaande koningin, denk ik, een eenzame keizer op een heel mooie troon en dat is eigenlijk een prima positie.

# Decor

Om tien uur in de ochtend verzamelen we voor het gebouw van Toneelgroep Amsterdam aan de Prinsengracht. Het busje rijdt voor en we worden als kleine mongooltjes naar Studio West vervoerd, ergens in een uithoek van de stad. Omdat *Rocco und seine Brüder* een ingewikkelde productie is, heeft onze regisseur ervoor gekozen om in een grote loods te repeteren alwaar het enorme decor in vol ornaat opgebouwd kan worden.

Als we aankomen in de studio, kunnen we onze ogen haast niet geloven. Het is de allereerste repetitiedag, die je normaal gezien een beetje koffieleutend en treuzelend doorbrengt in een klein lokaaltje, maar nu staan we oog in oog met vier huizen met meerdere verdiepingen, een boxring, ingehangen spots, instrumenten en kostuums. Achter lange tafels zit een team te wachten op onze komst. Geluidsmannen, lichtmannen, kleedsters, rekwisiteurs, muzikanten, productiemedewerkers en een heleboel assistenten en assistenten van assistenten bevolken de vier tribunes. Enigszins geïntimideerd door dit tafereel lopen wij naar de rekken waaraan onze pakken hangen en kleden ons in stilte om.

De moed is mij al in de nieuwe schoenen van mijn personage gezonken, en ik ren naar de wc om daar in de spiegel te kijken en mezelf af te vragen of ik nog wel kan acteren. En hoe ik om zal gaan met de tientallen ogen die op ons gericht zullen zijn, terwijl wij onze Duitse zinnen moeten uitspreken en nog geen flauw idee hebben van wat en hoe.

Ik sprenkel wat koud water op mijn gezicht en overtuig mijn spiegelbeeld ervan dat wegrennen geen optie is, al was het maar om het feit dat ik niet zou weten hoe ik van dit industrieterrein mijn weg naar huis zou moeten vinden.

Om elf uur *sharp* wordt het startsein gegeven. Mijn collega's (ik zit godzijdank niet in de eerste scène en mag aan de kant toekijken hoe anderen zichzelf zwetend het toneel op dwingen) beginnen aan de eerste Duitse scène.

Componist Harry de Wit, die vanaf het dak van een van de 'huizen' de muziek verzorgt, zet er meteen een melodie onder, het licht gaat aan en ik word als bij toverslag meegezogen in het verhaal van de vijf broers die met hun moeder van het platteland naar de stad verhuizen om daar hun geluk te beproeven.

De magie van het theater wordt op deze bijzondere eerste repetitiedag bijna tastbaar. Met acteurs die nauwelijks weten in wat voor toneelstuk ze staan, maar met een decor, een lichtplan en muziek, worden de levens van de fictieve personages geloofwaardig en boeiend.

Ik schrik ruw wakker uit mijn sprookje doordat de regieassistent mijn naam roept en zegt dat ik al klaar had moeten staan voor mijn eerste opkomst. Als een circuspaardje moet ik een ronde maken over de hele toneelvloer, terwijl de vijf broers mij nastaren. Een gênante opdracht, omdat ik het eng vind als mijn mannelijke collega's brutaal naar mijn lichaam kijken zonder iets te zeggen (mijn kostuum bestaat uit twee lapjes stof, het ene bedekt mijn borsten en het andere mijn kruis).

Gelukkig ben ik na mijn loopje weer even klaar en geniet van de voortgang van het verhaal. Tijdens de lunch wordt er druk gekwebbeld. Het nieuwe toneelschoolmeisje dat stage bij ons loopt, vraagt zenuwachtig of wij altijd op deze manier repeteren. Ik verzeker haar ervan dat het voor ons ook eng is, maar dat ze gewoon moet relaxen omdat onze baas alles onder controle heeft.

Op weg naar huis in ons busje voel ik me voldaan. Na maanden te hebben geschreven in bijna totale eenzaamheid is het boven verwachting heerlijk om terug te zijn bij mijn 'gezin' dat Toneelgroep Amsterdam heet. Met al mijn broertjes en zusjes, met onze twee vaders Ivo (regisseur) en Jan (decor en licht) en alle tantes en ooms van de techniek en productie. Er valt een last van me af. Ik ben niet meer alleen. Ik ben samen en verheug me op morgen.

# Rockster

In de grote Toneelgroep Amsterdam-bus heerst een onrustige, lawaaierige sfeer. Iedereen praat en roept door elkaar heen. Mensen oefenen hun teksten, anderen stoeien op de achterbank terwijl de nieuwelingen zenuwachtig om zich heen kijken. De chauffeur probeert zijn hoofd koel te houden en zijn blik strak op de weg te richten.

We zijn onderweg naar Lowlands. Tussen 50.000 mensen, die gemiddeld op dit festivalterrein aanwezig zijn, gaan we in de theatertent de hoogtepunten spelen van ons komende toneelseizoen. Een stukje *Romeinse tragedies*, een stukje *Feeks*, een stukje *Rocco*, een stukje *Streetcar Named Desire*, enzovoort.

Omdat we het stille en aandachtige publiek van de stadsschouwburg aan het Leidseplein gewend zijn, weten we niet goed wat ons te wachten staat. Er schijnen 1500 mensen te passen in de theatertent en we vragen ons angstig af of deze rockliefhebbers zitten te wachten op acteurs die teksten voordragen op een podium.

Als de bus het terrein oprijdt, zien we een enorme camping opdoemen waar honderden mensen rondkrioelen met blikjes bier in hun hand en dreads in hun haar. Ik heb nogal last van mensenmassa-angst en besluit niet te veel om me heen te kijken totdat we het podium op moeten. Een dreunende bas van een of andere band in een of andere tent, zoemt in onze oren als we uit de bus stappen.

Er zijn grote kleedkamers voor ons ingericht, compleet met ijskasten vol eten en drinken. Zonder al te veel moeite kan ik me

plotseling een leven voorstellen waarin ik vast onderdeel zou uit-
maken van 'Rockgroep Amsterdam' en als een echte popster de
wereld over zou toeren, van tentenkamp naar tentenkamp.

En groupe storten we ons op het voedsel en de drank en de
rest van de middag brengen we door op het terrasje backstage.
Even trek ik de stoute schoenen aan en wandel het festivalterrein
op. Er staan tientallen enorme tenten, er zijn kramen, cafés, res-
taurants en kermisattracties. De geur van een friemelende men-
senmassa komt me tegemoet. De meeste mannen lopen rond
met ontbloot bovenlijf en de meisjes dragen alternatieve kleding.
Het is een hip gebeuren, met grote bands van internationale al-
lure. Met mijn paarse polsband mag ik overal gratis naar binnen,
maar ik begin bij de geur van jongenszweet en 50.000 traag be-
wegende lijven die me omringen, acuut te hijgen en ren haastig
terug naar ons veilige backstageterras.

Om vijf uur is het zover. De theatertent stroomt tot mijn verbazing helemaal vol met jongeren die aandachtig kijken naar
onze acts. Na elke scène volgt een applaus dat ik elke avond wel
zou willen horen: gejoel, gejuich, gegil. De dreunende bas van
naburige tenten haalt ons niet uit onze concentratie en een uur
later slaan we elkaar tevreden op de schouders omdat we dit
klusje toch maar weer mooi geklaard hebben voor onze grote
baas. Op de terugweg vind ik het jammer dat mijn leven als rock-
ster nu alweer voorbij is en vraag ik aan onze leider of we misschien volgend jaar ook Pinkpop aan kunnen doen.

Morgen staan we gewoon weer in Studio West te repeteren,
zonder 1500 joelende fans. Ik stap op mijn fietsje en besluit op
internet te zoeken naar een of andere LOI-cursus waarmee ik me
kan laten omscholen tot popster. Ik mag dan mensenmassa-
angst hebben, de kick van zo'n applaus doet die als sneeuw voor
de zon verdwijnen.

# Nep

'Goed, begin maar,' deelt de regisseur ons opgewekt mede. Ik verstijf. Mijn handen beginnen te trillen, mijn oksels te zweten en mijn hart te bonken. Het is tien uur 's ochtends en er wordt mij en mijn tegenspeler Hans Kesting vriendelijk doch dwingend verzocht om even een vrijscène uit te beelden tussen een hoer en een bokser.

'*Fatal Attraction*,' oppert de regisseur nog als tip van de dag.

*Fatal fucking Attraction?* denk ik bij mezelf en prop haastig een half pakje kauwgom in mijn mond. Heb ik mijn benen geschoren? Welke onderbroek heb ik aan? Hoe is het licht in het repetitielokaal? Hoe kreun je in godsnaam van genot in het Duits?

Nerveus piep ik dat ik nog even moet plassen en check op de wc of alles aan mijn lijf fris en schoon ruikt, om vervolgens als een trillend espenblad voor de reus die Hans Kesting heet te gaan staan.

Vanuit mijn ooghoeken zie ik een man of twintig geïnteresseerd op de tribune zitten alsof we een lezing over de meikever gaan houden, en ik kan alleen maar hopen dat ze zich niet te veel zullen storen aan mijn cellulitisbillen.

Er valt een stilte. Men wacht op mij. Ik tover een dappere glimlach op mijn gezicht en zeg met een iets te hoge stem: 'Zullen we dan maar?'

Hans gaat recht op zijn doel af. Binnen een minuut liggen al mijn kleren naast me op de grond en lig ik met gespreide benen weerloos voor hem.

Ik vind acteren verwarrend. Emoties kun je faken, maar fysiek geweld of aanraking niet. Mijn hersens interpreteren de tong van Hans die mijn mond beroert of zijn hand die mijn buik aait en steeds verder afzakt naar beneden als echt en realistisch. Nu ik al maanden alleen in bed lig en als een nonnetje door het leven huppel, verkeren mijn poriën in de veronderstelling dat er eindelijk iemand is opgestaan die mijn lichaam wil beminnen. Plotseling maak ik me geen zorgen meer over mijn cellulitis, mijn ongeschoren oksels of mijn blote borsten. Ik wil Hans!

In mijn hoofd roep ik mijn organen tot de orde: Het is nep! Het is maar toneel! Maar ze luisteren niet. Ze genieten van de aanraking en vragen ongeduldig om meer.

'Stop, Hans!!!' gil ik dwars door de repetitie heen. Mijn collega's en de regisseur kijken verbaasd op. Hans schrikt en trekt snel zijn hand terug.

'Sorry, sorry, ik was even… afgeleid,' stamel ik, en trek hem weer boven op me.

Na een uurtje zijn we eruit. We hebben een aantal dingen afgesproken, een soort sekschoreografie gemaakt en de regisseur is tevreden.

'Volgende scène.'

Ik sta te hijgen in de wc en probeer me te vermannen. Ik steek een sigaret op en prent mezelf in dat Hans Kesting niet mijn toekomstige liefde is, niet mijn prins op het witte paard, niet de ideale levenspartner, niet de perfecte vader voor mijn nog ongeboren kinderen, maar gewoon een collega, die spéélt dat-ie verliefd op me is.

We zijn nog niet eens op de helft van het toneelstuk. De bokser en de hoer hebben nog een aantal stomende scènes te gaan, gedurende de komende repetitieweken. Hopelijk hou ik het droog. Misschien moet ik een bijlesje acteren nemen. Na tien jaar ervaring kan ik fictie en realiteit nog steeds niet scheiden.

Een minnetje voor professionaliteit.

# Workaholic

Terwijl de repetities voor *Rocco und seine Brüder* in volle gang zijn en we 's avonds *Het temmen van de feeks* spelen in de schouwburg, wordt mij pijnlijk duidelijk dat ik alleen maar voor mijn werk leef. Als ik thuiskom, neem ik niet eens de moeite het licht aan te doen. Ik plof meteen op de bank neer en kijk in het halfduister naar schimmige seksreclames met lelijke blote vrouwen, afgewisseld door een mobiele telefoon die op en neer springend 'Silence, I kill you!' roept. Nadat ik een uurtje wezenloos naar deze vreemde taferelen heb gestaard, rol ik murmelend mijn bed in en word acht uur later wakker van de wekker om opgelucht aan een nieuwe werkdag te beginnen.

Als ik na een week merk dat dit patroon niet verandert en ik langzamerhand verander in de cliché workaholic, besluit ik harde maatregelen te treffen. Ik móet een sociaal leven creëren. Met vermoeide stem bel ik wat vrienden, maar niemand neemt op omdat ze óf met hun diverse partners in bed liggen te vozen, óf zelf verslaafd zijn aan hun beroep. Ik geef het op, pak de afstandsbediening en geef me weer over aan mijn enige echte vrienden van de seksreclames en aan Achmed, the Dead Terrorist.

De volgende dag zie ik een sms'je van mijn nieuwe kennis, zangeres Anouk, die me vraagt of ik zin heb om mee te gaan naar het concert van Madonna. Het is een geschenk uit de hemel, een uitje, nieuwe vrienden, kortom: extreem sociaal.

Een paar dagen later zit ik in een vipbox in de Arena, omringd door bekende Nederlanders, te staren naar een blond poppetje dat in de verte op en neer springt. Met een niet-aflatende energie wervelt ze over het toneel, danst, kreunt, kruipt, schreeuwt en zingt, terwijl wij gratis bitterballen en drankjes naar binnen werken.

Het decor is enorm: videoprojecties in allerlei vormen en maten, zwevende podia, uit de grond omhoogkomende platforms, enzovoort. De vijftigjarige babe met haar bodybuilderlijf lijkt het erg naar haar zin te hebben op het podium, maar ik raak na een uur afgeleid en richt mijn blik op prins Maurits die naast me staat te dansen zonder zich iets aan te trekken van de rest van de vips die zwijgend en bewegingsloos naar de muziek luisteren. Ik wist niet dat wij zo'n knappe prins in ons land hadden en ik kijk met spijt in mijn ogen naar zijn mooie vrouw die stralend naast hem staat.

Het is voor mij de eerste keer dat ik zo'n groot evenement bijwoon en ik ben blij dat ik me niet tussen de krioelende mierenmenigte bevind die meters onder ons staat te hossen. Na twee uur neemt Madonna nog altijd even vrolijk en onvermoeid afscheid van haar publiek en begeven wij ons, samen met duizenden anderen, naar de taxi's.

Als ik thuiskom, ben ik trots op mezelf. Ik ben de deur uit geweest om 'lol te maken', ik ben meer dan alleen een toneelspeler. Ik ontmoet mensen, ik lach en voer conversaties met vreemden en ik kijk heus niet alleen maar 's avonds in mijn eentje naar de tv.

Wat zou Madonna doen als ze vanavond thuiskomt? Haar kinderen kussen? Haar man vragen naar zijn dag? Een robbertje mediteren? Nog even de spieren trainen? Of ook gewoon op de bank ploffen en stiekem uitkijken naar de volgende keer dat ze weer tot leven mag komen op het podium?

# Drogist

Over twee dagen vertrekken we voor drie weken naar Duitsland met de cast en crew van het toneelstuk *Rocco und seine Brüder*. Ik maak mijn huis op orde, neem de post door, geef de planten een laatste keer water (als ik terugkom, zijn ze waarschijnlijk dood), prop kleren in een koffer en spoed me naar de drogist om de nodige inkopen te doen. Wat heb ik allemaal nodig?

Omdat ik in mijn rol van prostituee Nadia verleid, bemind, verkracht en vermoord word, is het zaak me grondig voor te bereiden. Het grootste probleem is de donkere haargroei op mijn benen en bikinilijn. Met mijn spierwitte huid en ruwe stoppels zijn er nauwelijks middelen te vinden om mijn vel glad te houden. Omdat ik mijn collega's de aanblik van de *hairy ape* die ik eigenlijk ben wil besparen, doe ik er alles aan om mezelf kaal en zacht te houden. Als je voortdurend betast wordt door verschillende mannelijke tegenspelers, en er sprake is van een decor waarbij het publiek vlak bij je zit en elke porie kan zien terwijl je in je niets verhullende ondergoed rondspringt, kan overtollige haargroei zeer gênante situaties opleveren.

Ik probeer crèmes, scheermesjes voor mannen, scheermesjes voor vrouwen, harsstrips, ontharingspapier (ja dat bestaat), epileerapparaten en pincetten, maar niets is bestand tegen mijn zwarte vacht die maar blijft groeien en met het uur dikker en stugger lijkt te worden. Ruud Lubbers' baardgroei is er niets bij.

Elke dag sta ik vroeg op om mijn lichaam toonbaar te houden en het onkruid dat erop groeit te wieden. Omdat scheren tot op heden als beste getest uit de bus is gekomen, maar ik (om acht uur 's ochtends) niet de tegenwoordigheid van geest heb om het mesje rustig over mijn huid te laten glijden, snij ik me standaard twee of drie keer, waardoor mijn witte giraffenbenen beplakt zijn met grote pleisters als ik op de repetitie aankom.

Bij de kassa van de drogist reken ik een batterij aan ontharingsmiddelen, intiemtissues, keelsnoepjes, deodorant en tampons af. En toch ook maar een pakje condooms, want je weet het maar nooit met zo'n schoolreisje.

Als je actrice bent, en zoals ik vaak rollen speelt waarbij je kostuum te pas en te onpas van je lichaam wordt gerukt, is menstrueren een ware beproeving. Witte onderbroeken moeten driedubbel gedragen worden, i.v.m. met doorlekgevaar, en naaktscènes dienen te worden gespeeld met een afgeknipt touwtje en een superplustampon, zodat straaltjes bloed of bungelende blauwe koortjes vermeden kunnen worden. Gevolg hiervan is dat je na afloop van een repetitie of voorstelling bevend probeert de staaf watten te verwijderen. Zo'n touwtje is er immers niet voor niets. Natuurlijk zal ik precies ongesteld worden rond de hectische dagen van de première en omdat ik niet aan de pil ben maar zo'n buisje (Implanon) in mijn arm heb, is doorslikken geen optie. Verder ben ik een totale hypochonder, dus er gaat ook een doos vol aspirines, keeltabletten, Oscillococcinum, slaappillen, pleisters, arnicazalf, vitamine c en antigrippine mee. Mijn vriendin Hadewych merkt op dat ze in Duitsland ook winkels hebben en ik niet moet doen alsof ik voor een jaar naar de Noordpool verhuis, maar ik ken dit soort processen. Zodra je de laatste weken van de repetitie ingaat, is er geen tijd meer om gezellig de stad in te lopen en inkopen te doen. Ik wil beslagen ten ijs komen en had me nog het liefst helemaal kaal laten laseren voor vertrek, maar ik heb geen idee waar je dat kunt doen, hoeveel pijn dat doet en hoe lang het duurt voor die haren daadwerkelijk zijn verdwenen. Met twee reuzenkoffers zal ik donderdag in de bus stappen. Hopelijk ben ik niets vergeten.

# Hip and happening

De RuhrTriennale is een groots opgezet theaterfestival in Duits-land, waar elk jaar tientallen internationale theaterproducties in première gaan. Op donderdagmiddag arriveren we met onze touringcar bij de enorme fabriekshal waar we ons stuk *Rocco und seine Brüder* voor het eerst aan de mensheid zullen laten zien. Na meer dan drie uur gereisd te hebben, zijn we moe en hongerig. Nadat we binnen een halfuurtje een maaltijd hebben verorberd, spoeden we ons naar de kleedkamers om onze kostuums aan te trekken en onze microfoons op onze wangen te laten plakken. De hele avond wordt er gerepeteerd. Omdat we werken met live-muziek, een ingewikkeld decor, honderden rekwisieten en een ingenieus lichtplan, is er veel te doen.

We beginnen met een vrijscène onder de douche. De geluids-mannen zijn gespannen omdat de grote vraag is of Hans Kesting en ik met onze microfoons en al onder het warme water kunnen stappen zonder ze te beschadigen. De zenderbakjes die we op onze ruggen dragen worden verpakt in *gay safe*-condooms, volgens ge-luidsexperts Ray en Emiel, het meest waterdichte rubber dat er te vinden is. 'Als het misgaat, wordt het een heel dure repetitie,' ver-trouwt Emiel me toe vlak voor ik aan de scène begin. Gelukkig blijkt het vocht geen enkel probleem voor de apparatuur en Hans en ik kunnen ons – slechts gekleed in een zendergordel met con-doom – naar hartenlust uitleven in de publieke badkamer.

Als we om elf uur in ons hotel aankomen, begint het ver-trouwde gedoe rond de kamerindeling. Wie slaapt waar, wie heeft een bad, een douche, een bezemkast, een keuken, een lege of gevulde minibar, een een-, twee-, of driepersoonsbed? Er wordt ge-ruild, geklaagd, gezeurd en door onze twintigjarige stagiair van de toneelschool, Stef, een gat in de lucht gesprongen omdat hij een mooie kamer met voor- en achtertuin blijkt te hebben – de grootste van ons allemaal. Nadat ik met de kledingontwerpster van kamer heb gewisseld en mijn koffer heb uitgepakt, hangen we wat rond in de hotelbar en gaan dan vlug slapen omdat we weten hoe deze laatste week voor de première zal verlopen: druk, heftig en uitputtend. Ik droom over de verkrachtingsscène waarin mijn onderbroek kapot wordt gescheurd en bedenk, zodra ik wakker word, dat ik voor die scène natuurlijk ook twee onderbroeken zou kunnen dragen waardoor ik niet echt naakt hoef te zijn.

We werken hard en tussen de bedrijven door snelt de lerares Duits het toneel op om onze uitspraak te verbeteren. Als ik met blote billen op de boksring – die in het midden van ons decor staat – lig uit te hijgen van de verkrachtingsscène, komt ze met haar script naar me toe getrippeld, en merkt op dat 'Hilfe' een lichtere 'l' zou moeten hebben. 'Het blijft een bizar vak,' mompel ik tegen mezelf, terwijl ik naar de twee kapotgescheurde onder-broeken staar die rond mijn enkels hangen.

Na de repetitie ontdekken we een hip café in de verder troos-teloze stad, waar je mag roken en ze na tienen nog eten serveren. Het schoolreisjesgevoel zit er goed in en de gesprekken over ont-maagdingen, gênante sekservaringen en verboden fantasieën kunnen natuurlijk niet uitblijven.

Op dinsdagochtend is er een heuse persconferentie georgani-seerd. Ja ja, in Duitsland is het theater als kunstvorm *hip and hap-pening*. We staan de journalisten te woord in ons decor en vertellen in gebroken Duits en Engels waar *Rocco* over gaat en hoe het is om met een wereldberoemde toneelregisseur als Ivo van Hove te wer-ken. Die nacht droom ik dat ik in het Japans *Hamlet* moet spelen, maar vergeten ben mijn kostuum aan te trekken en van top tot teen gehuld ben in tientallen onderbroeken. Nog een paar nachtjes slapen, dan is het première. *Ich bin gespannt.*

# Mijn nachten met Tom Cruise

Over een paar weken gaat *Valkyrie* in de bioscopen draaien. Omdat ik *De feeks* moet spelen in Amsterdam ziet het ernaar uit dat ik niet naar de première in New York kan. Krijg je eens de kans om iets mee te maken in je leven, kun je er niet naartoe. De rollen die Carice en ik spelen, beperken zich tot niet meer dan twee of drie zinnen, maar het is toch geestig om je hoofd op een groot scherm te kunnen zien naast dat van Tom Cruise en Kenneth Branagh.

Omdat er bij zo'n grote Hollywoodproductie maar weinig scènes per dag gedraaid worden, zijn we een behoorlijke tijd in Duitsland geweest. Ik vond het een feest. Iedereen was ontzettend aardig. Ze hadden *Zwartboek* gezien en waren zo enthousiast dat wij mee mochten spelen zonder auditie te hoeven doen. Tom Cruise was heel complimenteus en nog lief, benaderbaar en erg geestig ook. Ik heb nog nooit iemand op een set aan het werk gezien die zo gepassioneerd was over het medium film en die met zo veel enthousiasme stond te spelen. Inspirerend.

De eerste scènes die ik moest draaien, speelden zich af in een donker bos. Ik mocht er drie nachten doorbrengen met Kenneth Branagh en TC, zoals hij door iedereen op de set genoemd werd. Dat was genieten natuurlijk.

Het begon 's middags bij de make-up al, waar Tom zich aan mij kwam voorstellen. Toen ik van de eerste schrik was bekomen – Tom Cruise! Vlak naast mij! Hij raakt mij zelfs aan! – en mijn wangen hun normale kleur hadden teruggekregen, hadden we een heel leuk gesprek. Hij hield maar niet op over *Zwartboek*.

In Nederland heb ik ook wel eens een kleinere rol gespeeld in een film en je krijgt dan te maken met een groep mensen die al een tijd met elkaar aan het draaien is, waardoor je je een beetje eenzaam en buitengesloten kunt voelen. Daar was op de set van *Valkyrie* absoluut geen sprake van. In mijn trailer lag een welkomstcadeautje van Tiffany's en een lief Duits meisje zorgde ervoor dat ik precies wist wie wie was en wie wat deed.

Toen ik voor het eerst op de set kwam – een chauffeur kwam mij halen, terwijl het niet meer dan vijf minuten lopen was – moest ik wel even slikken. Wat stonden hier ontzettend veel vrachtwagens. En dan al die kranen en die lampen... Gigantisch allemaal. Er waren op dat moment meer dan tweehonderd mensen aan het werk, kreeg ik te horen. Ik voelde me plotseling een heel klein Nederlands boerinnetje. Ik dacht: zo gaat dat dus, film maken. Wat wij in Nederland doen, is een veredeld hobbyisme. Gelukkig greep meneer Branagh meteen mijn hand en fluisterde in mijn oor dat ik niet bang hoefde te zijn.

Zodra we aan de eerste repetitie begonnen, waren mijn zenuwen verdwenen. Ik was aan het werk met twee topacteurs en een geweldige regisseur, en genoot van de tijd en de ruimte die we kregen om te schaven aan het spel en te zoeken naar de optimale manier om de scènes te spelen. Iedereen werkte supergeconcentreerd, zowel de crew als de cast, om elk shot tot in de puntjes in orde te krijgen.

Ik koester de herinneringen aan de hele periode in Berlijn. Wat een fantastische mensen heb ik ontmoet en wat heb ik ontzettend veel geleerd.

# Raar om als vrouw een man te baren

Morgen is het zover. Mijn zus gaat bevallen van een jongetje. Ik weet nog niet wat zijn naam zal zijn, wel dat hij via een keizersnee ter wereld zal komen omdat dat veiliger voor hem is. In een familie die aan onze kant louter uit vrouwen bestaat (mijn moeder Fleur, mijn zusje Esther, mijn oudere zus Leonora en ik), zal het babymannetje vreugdevol verwelkomd worden. Het lijkt me wel raar om als vrouw een man te baren. Op de een of andere manier zou ik het logischer vinden als vrouwen alleen maar meisjes konden krijgen en dat de mannen de jongetjes voor hun rekening zouden nemen. Sowieso eerlijker, dan zouden zij in 50 procent van de gevallen ook met een dikke buik en gezwollen enkels rond moeten stappen.

Ik zou persoonlijk ook helemaal niet weten wat ik zou moeten doen met een zoontje (met een dochtertje ook niet, maar dat zal meer vanzelf gaan, denk ik) – de hele dag voetballen en vechten of juist zachtjes verhaaltjes vertellen over prinsesjes zodat hij zijn vrouwelijke kant goed kan ontwikkelen? Het lijkt me een raadselachtige aangelegenheid iemand van het andere geslacht te moeten opvoeden. Mijn zus denkt daar heel anders over, die vindt het allemaal geweldig. Ze heeft al een dochter, Kate, en dan nu een jongen erbij. Bovendien heeft ze ook een knappe, niet onbemiddelde man en een huis en, nou ja, alleen de hond ontbreekt nog. Ze is niet bang voor het ziekenhuis, ze maakt zich daar geen zorgen over. Voor haar is het een *piece of cake*. Haar blijdschap over haar nieuwe kindje overstemt alles. Ze is ook weer helemaal verliefd op haar echtgenoot. Ze lijken wel zestien. Als ik mijn zus bezig zie, denk ik: die heeft het voor elkaar. Een carrière, een rijk privéleven met warme maaltijden, gezellige gesprekken aan een grote tafel, aangenaam chaotisch kindergedoe en de liefde van haar leven naast zich in bed. Alles in haar huis heeft een plek. Er is wel eens troep, maar die wordt altijd na een paar uur netjes opgeborgen in allerlei kasten. Zodra je de deur binnenloopt, komt de frisse geur van pasgewassen kleding en zelfgemaakte appeltaart je tegemoet. Er is altijd eten in de ijskast en de vuilnis wordt op tijd buitengezet. Er is een auto, een spelletjeshoek en er lopen geen vreemde kabels door de woonkamer. Een thuis is toch vooral een plek zonder snoeren die van de tv, computer en telefoon naar verschillende stopcontacten lopen, dwars door de leefruimte heen.

Voor mij zijn dat soort zaken in het geheel niet vanzelfsprekend. Ik maak me zorgen over alles. Na een jaar in mijn nieuwe huis heb ik nog geen kabel weten te verbergen, laat staan dat ik in staat ben geweest om de liefde van mijn leven te vinden en in mijn bed te stoppen. Nee, ik kan nog een hoop leren van mijn zus, die eigenlijk mijn idool is. Over een paar weken word ik 33, maar er groeit nog geen bevrucht ei in mijn buik. En als het daar wel zou groeien, zou ik me denk ik zo veel zorgen maken, dat ik zou vergeten ervan te genieten.

Gelukkig kan ik als gekke tante een beetje meevaren op het veilige schip van mijn zuster. Ik krijg een neefje. Dat is ook belangrijk. Ik ga hem waarschijnlijk niet heel veel zien, want ik ben altijd weg, ergens in binnen- of buitenland aan het doen alsof ik iemand anders ben (is er een absurder beroep te bedenken?). Maar áls ik er ben, zal ik grapjes met hem maken en hem aaien en wie weet een balletje met hem trappen op het plein. Een jongetje... Het zal ons gezin voorgoed veranderen.

# Ik hou met heel mijn hart van dit stuk

*Het temmen van de feeks* spelen we al jaren. Na honderd keer zou je denken dat het gaat vervelen om elke avond getemd te worden door de heer Kesting, maar niets is minder waar. Toegegeven: toen ik een tijd geleden hoorde dat we de voorstelling opnieuw door het hele land zouden gaan spelen, moest ik wel even slikken. Meteen dacht ik aan de blauwe plekken op mijn knieën, schor geschreeuwde stembanden, de enorme puinhoop op het toneel en de luidruchtige sfeer die er altijd in de bus en kleedkamers hangt wanneer we met dit stuk op reis gaan. Ook raakte ik enigszins in paniek toen ik hoorde dat mijn vriendin Karina Smulders de rol van mijn zusje Bianca niet meer zou vertolken. *De feeks* is een mannenvoorstelling en Karina en ik klampten ons altijd op een prettige manier aan elkaar vast om al het geweld en gebral om ons heen te kunnen verdragen. Ik sta erg graag met haar op het toneel, zowel in *Rouw siert Electra* als in *Hedda Gabler* traden we op als duo en beleefden dan dolle tijden. Zonder haar zou het wel eens een heel eenzame tour kunnen worden. We zijn zo op elkaar ingespeeld en het is nou eenmaal aangenaam als je al die uren in de bus met een vriendin kunt praten over koeien, kalven en belangrijkere zaken. Gelukkig nam haar collega uit de film *Bride Flight*, Elise Schaap, de rol over. We hadden ons geen betere vervanging kunnen wensen. Elise speelt prachtig en is ook nog eens heel lief en grappig.

Vanwege het fileprobleem in Nederland vertrekken we elke dag al vroeg. Op de achterbank strekt de reus Hans Kesting zich in volle lengte uit om bijna meteen in slaap te vallen, terwijl wij ons proberen te vermaken met onze iPods, computers en mee-gebrachte boeken. Na een halfuur gaat dat vervelen en beginnen de grappen, anekdotes, luidruchtige imitaties van collega's, rod-dels en 'Wat heb jij gisteren gedaan?'-gesprekken. Als we om een uur of zes arriveren bij het theater, krijgen we een overheerlijke maaltijd voorgeschoteld door onze kok Miquel. Dan hijsen we ons in onze kostuums en hangen wat rond. Omdat je nergens meer mag roken, verzamelt een aantal mensen zich buiten om met verkleumde vingers hun peuken op te steken. Ik leg peper-muntjes klaar in het decor voor de verschillende zoenscènes en smeer een tube arnicazalf op mijn benen in de hoop dat de blauwe plekken zullen verdwijnen.

Om kwart over acht begint het verhaal van *De feeks*. Elke avond is het weer een totaal gekkenhuis. Deze voorstelling heeft een vreemde uitwerking op zowel de acteurs als het publiek. Omdat niet alles vastligt, hangt er altijd een sfeer van gevaar en spanning in de zaal. Niemand weet precies wat er gaat gebeuren. Het ene moment lijkt het een dolkomische klucht te zijn, om dan naadloos over te gaan in een soort *9½ Weeks*-sm-thriller. Als Hans contact zoekt met het publiek, lijkt de traditionele code van theater helemaal doorbroken te zijn en weten de toeschou-wers van gekkigheid niet meer hoe ze rustig op hun stoelen moe-ten blijven zitten. Ik hou met heel mijn hart van dit stuk en ben blij dat er nog steeds zo veel mensen komen kijken.

Diep in de nacht komen we weer aan op het Leidseplein. Ik spoed me meteen naar mijn bed. Tam lig ik onder de dekens en realiseer me maar half dat ik morgen weer helemaal opnieuw met bruut geweld getemd zal worden. Die feeks toch, ze weet van geen ophouden.

# Hapjes

Feesten organiseren is eigenlijk niets voor mij. Ik drink geen alcohol – omdat ik bang ben om duizelig te worden en alleen al van de geur onpasselijk word – dus inschatten hoeveel bier, wijn en wodka je moet inslaan, is me een volkomen raadsel. Vervolgens wil ik in een impuls heel veel mensen uitnodigen, maar blijk dan niet iedereens nummer te hebben en vergeet *along the way* weer een paar kennissen en collega's, wat tot pijnlijke situaties kan leiden.

Helaas zijn mijn vrienden allemaal slome apen, dus niemand laat weten of hij wel of niet komt, waardoor het volstrekt onduidelijk is hoeveel mensen ik moet verwachten. Mijn huis staat vol witte meubels, ook niet erg handig als er misschien wel dertig man over de vloer komt. Een vriendin adviseerde me om doeken over de witte bank te leggen, maar waar haal je in godsnaam op een gewone dinsdagmiddag doeken vandaan?

Renée Fokker, een actrice die tijdelijk meespeelt in *Het temmen van de feeks*, ziet de panische blik in mijn ogen als ze vraagt of ik al boodschappen heb gedaan voor mijn feest en vertrouwt me toe dat ze het varkentje wel even zal wassen. Een uurtje later wandelt ze triomfantelijk mijn kleedkamer binnen om te melden dat de Albert Heijn-bezorgservice alle drank naar mijn huis zal brengen, een uur voor aanvang van de partij.

'Het enige wat je hoeft te doen, is je pinpas door het mobiele apparaat te halen,' zegt ze blij. 'Wat niet op gaat, breng je de volgende dag terug.'

Opgelucht haal ik adem. Nu is er in ieder geval bier en wijn.

'Maar wat gaat men dan eten?' wil Carice weten als ze me belt.

'Eten? Het is toch een avondfeest?'

'Je moet toch hapjes hebben, pipo!'

Hapjes… waar koop je hapjes? En wat zijn dat eigenlijk, hapjes? Chips en worst? Kaas en brood? Taart en snoep? Augurken met ui op een prikker en neem je zwemspullen mee?

Gelukkig meldt Hadewych zich aan om me te komen helpen. De dag voor de happening zit ik thuis te kniezen. Ik probeer een lijst te maken van wat ik nog nodig heb, maar kom niet verder dan: hapjes, doeken en plastic bekers. Er doemen vreemde angstbeelden op voor mijn ogen: stel dat er niemand komt? Of stel dat men niet weet wat men tegen elkaar moet zeggen? Of stel dat er honderd mensen komen die mijn dure huis in no time veranderen in een ruïne?

Langzamerhand begin ik me af te vragen waarom ik dit feest wilde organiseren. Waarschijnlijk vooral uit angst om alleen te zijn. Het leek zo leuk een paar weken geleden. Al mijn vrienden en kennissen nog eens bij elkaar in één ruimte. Het was een romantisch idee, een soort *feelgood movie* met elkaar omhelzende mensen, veel cadeaus en vrolijke muziek. Nu is die droom in een horrorfilm veranderd en wil ik het liefst in mijn bed liggen met een warme kruik en sokken aan. Ik kan natuurlijk een groepssms versturen dat ik ziek ben. Dan komt er niemand en ben ik lekker helemaal alleen.

# Sentimentele dweil

Uiteindelijk krijg ik het toch allemaal voor elkaar. Met de hulp van vriendin Hadewych is er wijn, bier, wodka, chips, taart, roze ballonnen en er hangen zelfs slingers. Het feest kan beginnen. Om halfnegen krijg ik nog even een lichte zenuwinzinking omdat ik nu eenmaal niet goed tegen verjaardagen, ouder worden, vergankelijkheid, kaarsjes uitblazen, cadeaus, herinneringen ('Weet je nog vijf jaar geleden, toen vierden we je verjaardag bij Stefan thuis, toen was je heel gelukkig...') en aanverwante artikelen kan. Ofwel ik word een sentimentele dweil, ofwel ik beland in een ongewilde trip *down memory lane* die niet meer ophoudt.

Mijn liefste vriendinnen, Hadewych, Esmé en Carice, komen de woonkamer vast opwarmen voordat de grote massa arriveert. We kletsen honderduit – het komt helaas maar weinig voor dat we met z'n vieren kunnen afspreken – en veel te snel worden we onderbroken door de bel die de eerste feestganger aankondigt.

Binnen een kwartier is mijn huis vol mensen. Ik pak kirrend cadeaus uit, ren heen en weer naar de keuken om drankjes in te schenken en probeer ondertussen nerveus muziek op te zetten om een beetje sfeer te creëren. Carice, die het altijd amusant vindt als ik een paar slokken alcohol drink, zet een glaasje wodka voor mijn neus en zegt met een strenge blik dat ik misschien eventjes moet proberen te ontspannen. Met dichtgeknepen neus nip ik van het brandende vocht (ik vind alcohol smerig smaken) en binnen enkele seconden ebben de zenuwen weg. Op mijn witte bank plof ik neer naast wat vrienden en begin een gezellige conversatie.

De bel blijft gaan en de gasten met pakjes in hun handen blijven binnenstromen. De oogst is ongelooflijk dit jaar. Ik krijg boeken, dvd's, een speciaal schoonmaakdoekje, verrassingseieren, kookspullen, een zelfgehaakt kussen en onderbroeken van Stella McCartney – één voor elke dag van de week. Als een trotse kleuter zet ik alles bij elkaar op mijn tafel, net als vroeger, zodat ik er af en toe een tevreden blik op kan werpen. Het leuke van mijn kennissenkring is dat je op zo'n avond gratis amusement krijgt waar je normaal voor naar een theater moet. Ik lig de hele tijd dubbel van het lachen en geniet van mijn dominante vrienden die elkaar proberen af te troeven om de beste grap.

De uren tikken voorbij. Het wordt middernacht en ik ben al niet meer jarig. Mensen drinken, roepen, giechelen, eten, roken en kletsen heel wat af. Gelukkig blijft mijn bank wit en heb ik een paar ijverige vriendinnen die om het uur de glazen in de afwasmachine proppen. Om halfvier begin ik te roepen dat het feest is afgelopen en dat men zijn biezen moet pakken. Ik ben moe en wil naar bed. Een uur later zwaaien we de laatste vrienden uit. Carice blijft slapen en onder de dekens evalueren we de avond. Alleszins een geslaagde happening. Zeker voor herhaling vatbaar. Er was meer dan genoeg drank, op het balkon staat zelfs nog een onaangebroken krat bier.

Als ik de volgende ochtend wakker word, kan ik mijn ogen niet geloven. Van Houten staat in haar pyjama woest te schrobben. Ze heeft alles opgeruimd. Een mijlpaal. Dankbaar kus ik haar op haar hoofd en word op de valreep toch nog sentimenteel. Ik heb de liefste vrienden van de hele wereld.

# Schort voor

Oud en nieuw. Kerstmisss. Met de nadruk op mis. Wat te doen, wie te bellen om wat af te spreken? Alles in het werk stellen om in ieder geval niet in een situatie terecht te komen waarin je alleen thuis zit met een glas cola light en de televisie aan. Met man en macht voorkomen dat je in een opwelling een ticket boekt om in je eentje naar Parijs te vliegen omdat je denkt dat het een romantisch idee is om de eenzaamheid te zoeken nu je toch geen man hebt om te kussen onder de kerstboom. Vooral niet over straat slenteren, terwijl je hete adem rookwolken produceert en je naar binnen kijkt in de Hollandse huiskamers bij je in de buurt, waar iedereen veilig bij elkaar zit met bergen pakjes en een gelukzalige glimlach op hun tevreden gezichten.

Eigenlijk zijn de feestdagen alleen maar leuk als je vijf kinderen en een hond hebt om samen boswandelingen mee te maken en dan thuis te komen, warme chocolademelk, oliebollen, kalkoenen, kransen en de hele mikmak naar binnen te werken, elkaar zwijmelend in de ogen te kijken en te verzuchten: 'Aahhh, wat hebben we het toch goed samen en wat is alles toch onbelangrijk en relatief, nu we lekker met ons gezinnetje onder een tak met dennennaalden zitten.'

Zolang die vijf kinderen nog niet geproduceerd zijn en die hond nog niet is gekocht, is het zaak om genoeg afleiding te creëren zodat je heelhuids door deze donkere periode kunt fietsen. Goede vrienden zijn daarbij het eerste hulpmiddel, maar die hebben in veel gevallen wél partners of houden er tradities op na om de feesten te vieren met veel drugs en alcohol (niet aan mij besteed). Dus dan rest je familie.

De mijne moet van heinde en verre komen. Mijn moeder uit Groningen, mijn zusje plus vriend uit Curaçao. We besluiten om het jaarlijkse kerstdiner in mijn huis te houden. Mijn grote zus neemt haar twee kleine kinderen mee, zodat we in ieder geval via deze onvolgroeide wezens kunnen genieten van de zogenaamde magie van kerst.

Het handige van dit idee is dat ik het zo druk zal hebben met boodschappen doen, koken, opruimen, aankleden en stressen over de hoeveelheid voedsel, dat ik hopelijk zal vergeten me in mijn gebruikelijke winterdepressie te storten, waarin ik me meestal beklaag over het gebrek aan een werkelijke invulling van mijn leven. Het cliché van een mooie carrière, maar een totaal gebrek aan persoonlijk leven, enzovoort, enzovoort.

Nu heb ik dus een duidelijke taak, of beter gezegd: duidelijke taken. Ik heb een functie. Ik ben nodig. Een diner voor acht mensen voorbereiden is geen kattenpis. Er zal geen seconde tijd zijn voor zelfmedelijden en overpeinzingen. En dat is maar goed ook, want het winterse gepieker en geklaag heeft me nog nooit iets opgeleverd. Ik zal een uitmuntende gastvrouw zijn, neem ik me voor. Met een opgewekt humeur, een schort voor, aangename achtergrondmuziek, leuke gespreksonderwerpen, een mooi tafelkleed en een heuse kerstboom! Dat zal de eerste keer in mijn leven zijn dat ik zo'n ding eigenhandig ga aanschaffen. Geen idee waar je 'm moet kopen of hoe je 'm dan van de desbetreffende locatie naar je huis vervoert. Met een taxi? Achter op de fiets?

Kortom: genoeg zaken om me van nu tot en met 1 januari mee bezig te houden en dan zul je zien: de tijd vliegt voorbij, voor je het weet is er een nieuw jaar aangebroken en mag ik lekker weer met mijn kop in het zand aan het werk.

# Fotoverantwoording

Annie en Halina in Los Angeles
Foto: Stijn & Marie

Halina met haar zojuist aangeschafte kat
Foto: eigen camera

Halina met vrienden
Janusz Gosschalk, Halina Reijn, Hadewych Minis, Katja Herbers,
Job Castelijn
Foto: eigen camera

Halina met een nieuwe haarkleur
Foto: eigen camera

Op de set van *Valkyrie*
Foto: eigen camera

Taart voor Halina's 33ste verjaardag
Foto: eigen camera

Carice en Halina tijdens de press tour van *Valkyrie*
Foto: eigen camera

*Zwartboek*, filmfestival in Venetië
Carice, Paul Verhoeven en Halina
Foto: Kris Dewitte

Halina als engel tijdens een fotoshoot (voor Milieudefensie)
Foto: eigen camera

Halina en agente Andrea Kleverlaan tijdens de uitreiking van het Gouden Kalf
Foto: eigen camera

Bert, Halina en Roy
Foto: eigen camera

Halina in Los Angeles
Foto: Stijn & Marie

Halina in Californië in de Joshua Tree Desert
Foto: Stijn & Marie

Nichtje Kate en Halina
Foto: eigen camera

Gezelschapsvergadering bij Toneelgroep Amsterdam
Foto: Halina Reijn, eigen camera

Met Fedja tijdens de voorstelling *Rocco en zijn broers*
Foto: Jan Versweyveld

Op tournee in de bus
Foto: eigen camera

Première *Valkyrie* Amsterdam
Nathan Alexander (schrijver *Valkyrie*), Heather McQuarrie (vrouw van), Halina Reijn, Tom Cruise, Carice van Houten en Christopher McQuarrie (producent en schrijver van *Valkyrie*)
Foto: Andrea Kleverlaan

Tom Cruise in *Valkyrie*
Uit: *Viva*

Halina droomt
Tekening uit eigen collectie

Hollywood
Foto: eigen camera

# Inhoud